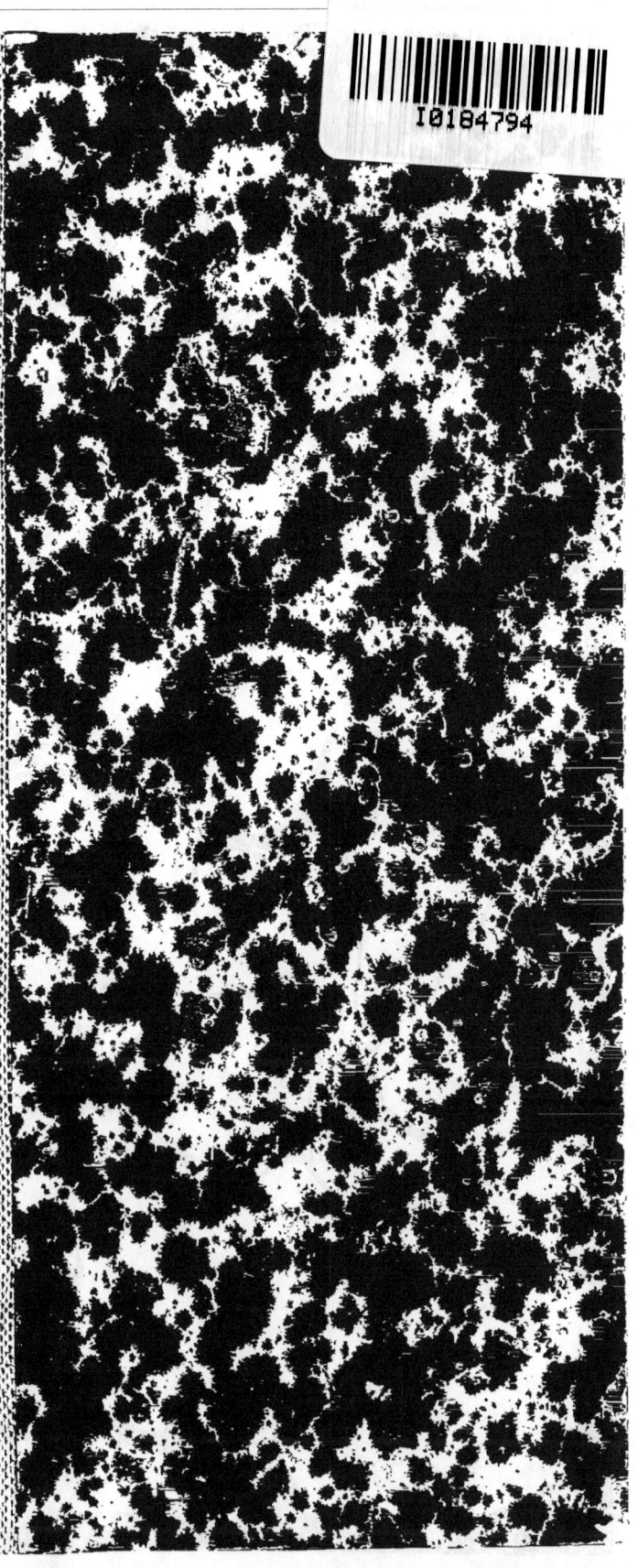

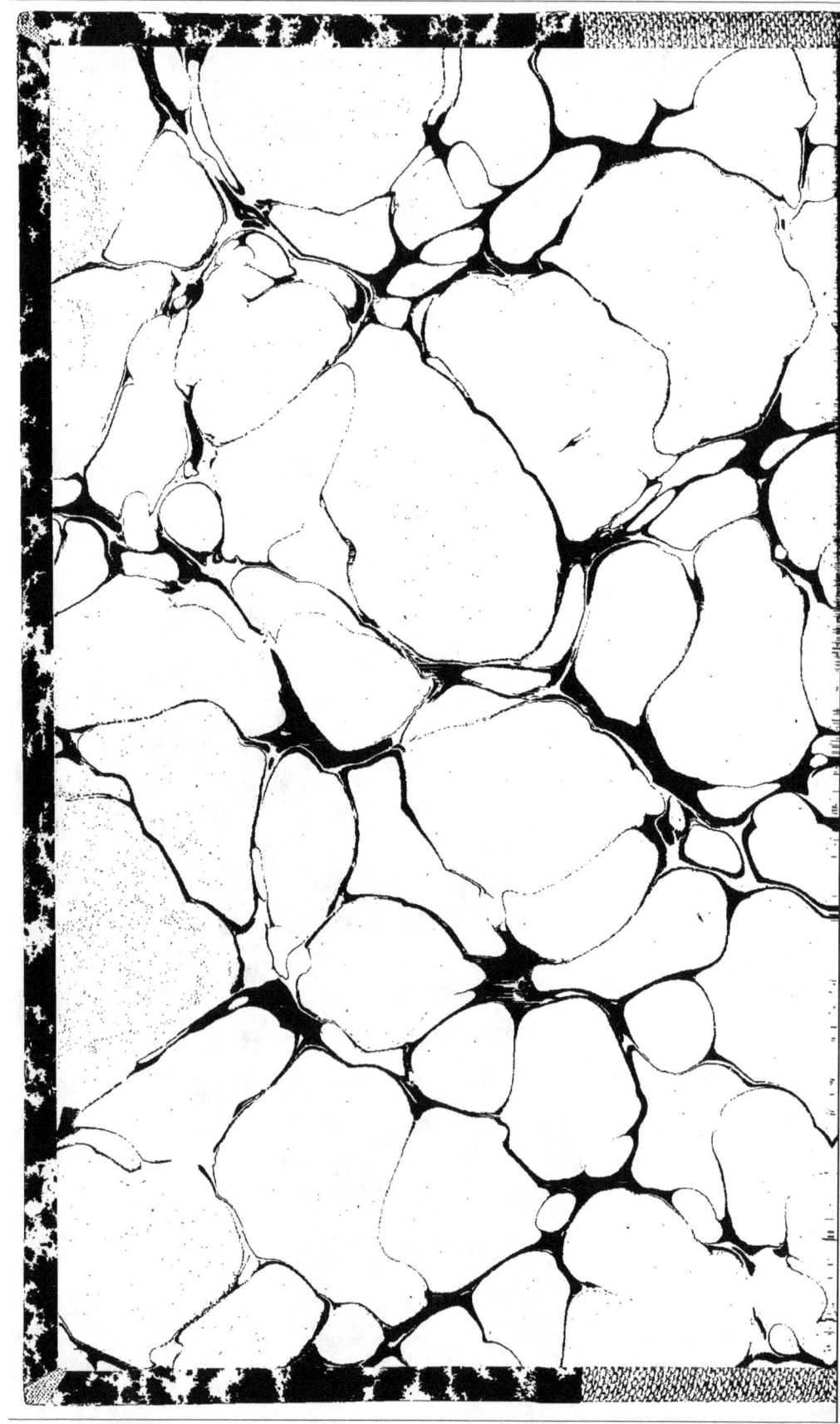

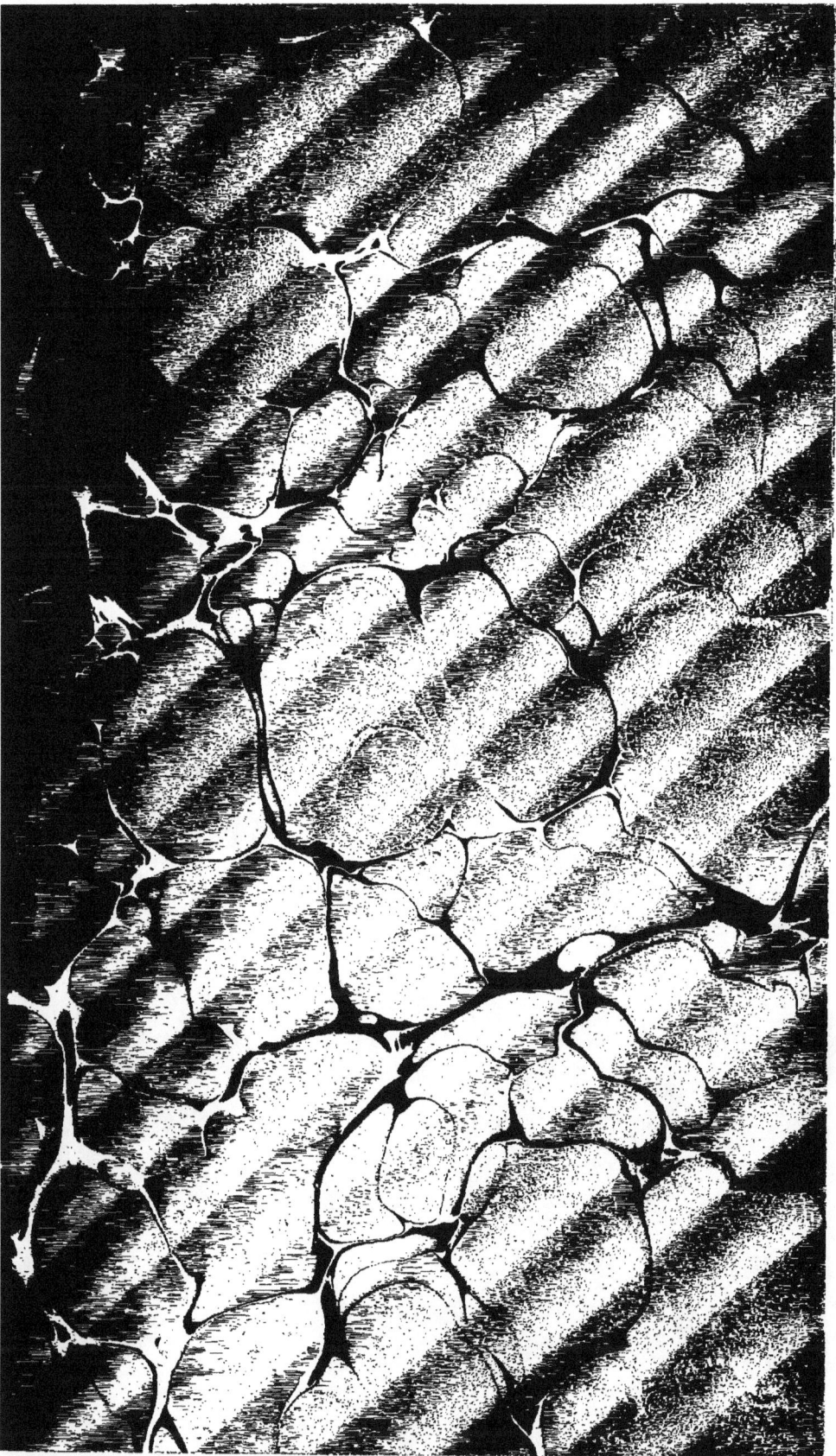

Soldat SILBERMANN

Journal de Marche

D'UN

SOLDAT COLONIAL EN CHINE

57 GRAVURES DANS LE TEXTE

(Extrait de la *Revue des Troupes coloniales*.)

Paris. — Henri CHARLES-LAVAUZELLE
Éditeur Militaire

JOURNAL DE MARCHE

D'UN

SOLDAT COLONIAL EN CHINE

DROITS DE REPRODUCTION ET DE TRADUCTION RÉSERVÉS

Soldat SILBERMANN

Journal de Marche

D'UN

SOLDAT COLONIAL EN CHINE

57 GRAVURES DANS LE TEXTE

(Extrait de la *Revue des Troupes coloniales*.)

PARIS
Henri CHARLES-LAVAUZELLE
Éditeur militaire
10, Rue Danton, Boulevard Saint-Germain, 118

(MÊME MAISON A LIMOGES)

JOURNAL DE MARCHE

D'UN

SOLDAT COLONIAL EN CHINE

1900

PREMIÈRE PARTIE

Je vais, pour la quatrième fois, noter mes souvenirs de campagnes coloniales, quoique j'aie déjà perdu mes carnets du Dahomey, de Madagascar et de Quang Cheou-Wan, volés jadis avec mon ballot d'effets. Conserverai-je mieux cette fois mon petit cahier? C'est bien plus difficile qu'il ne le paraît de garder un carnet dans son sac ou sa musette, de le sortir plusieurs fois dans la journée pour y noter les événements en profitant d'une pause horaire ou d'une grand'halte. J'ai vu bien souvent de nombreux camarades, en présence de difficultés imprévues, jeter leur cahier au vent; d'autres le déchirent ou le piétinent dans un accès de colère. Le soldat en campagne devient excessivement nerveux, impressionnable, par suite des maladies coloniales, des privations et des fatigues; les contrariétés, les petits ennuis l'excitent au point de le faire agir comme une brute, et l'innocent carnet commencé avec amour est alors victime de leur fureur.

J'ai cependant réussi à terminer trois fois mon journal de marche; j'ai donc l'espoir d'achever celui-ci sans encombre. J'éprouverai certainement plus tard un vif plaisir à parcourir ces pages qui me rappelleront toutes les privations, misères, fatigues et dangers de la campagne et me donneront la fierté d'avoir résisté quand même.

La Chine, où nous allons de nouveau faire la guerre, s'est refusée avec obstination à laisser pénétrer chez elle le progrès et la civilisation européenne. Elle combat de toute sa force la propagande de la religion catholique ou protestante faite par les missionnaires européens ou américains. Les missionnaires catholiques notamment, qui sont les principaux agents de la religion et de la civilisation européennes, ont été victimes de nombreux massacres. Comme le catholicisme est placé sous la protection française, la campagne actuelle n'est que la conséquence de la haine implacable des Chinois pour les Européens, et du massacre des missionnaires et des chrétiens dans toute l'étendue de l'empire, massacres qui sont encouragés par le gouvernement. La Chine n'a donc qu'à s'en prendre à elle-même de tout ce qui va lui arriver; mais il faut souhaiter que l'on règle cette question une fois pour toutes et qu'on ne se laisse pas séduire par de brillantes promesses que les Chinois ne tiendront jamais : tout le monde le sait.

6 août. — Me trouvant au 9ᵉ régiment d'infanterie de marine à Hanoï, je suis désigné, sur ma demande, pour faire partie du 17ᵉ de marche formé pour l'expédition de Chine. Le 3ᵉ bataillon de ce régiment, sous les ordres du commandant Foussagrives, est de passage à Hanoï.

7. — Nous partons 15 hommes du 9ᵉ pour rejoindre ce bataillon.

12. — Nous embarquons sur le *Cachar* à destination de Takou. Le croiseur *Friant* nous accompagne.

15. — Nous touchons à Hong-Kong. Cette ville est bâtie sur le versant d'une montagne; elle est bien fortifiée. Il n'y a pas de douane; aussi peut-on acheter tout à très bon marché. Son gouverneur est nommé pour cinq ans.

Un bateau russe est en rade; à notre approche, il joue la *Marseillaise* et les hourrahs d'usage sont échangés. Je remarque ici un grand nombre de bateaux de guerre étrangers; ils se rendent probablement en Chine.

18. — Mer très houleuse. Le croiseur qui nous accompagne semble s'enfoncer dans les vagues et ne peut pas avancer. Nous sommes obligés de nous arrêter jusqu'au soir. A bord nous sommes 1.300 soldats entassés comme des harengs saurs. Le commandant et le commissaire du bord sont pour nous d'une admirable insouciance, comme toujours du reste : c'est traditionnel

Vue des forts de Takou.
(Cliché communiqué par la maison Larousse.)

dans la Compagnie nationale. Malgré les réclamations

multiples faites depuis de longues années, le traitement sur ses navires est toujours le même.

19. — Nous passons à hauteur de Chang-Haï sans nous arrêter; la mer est toujours mauvaise.

23. — Nous arrivons à Takou. Je m'amuse à compter les navires en rade : il y en a plus de 100. Le soir, le coup d'œil est très beau; presque tous les navires sont éclairés à l'électricité. On dirait une vraie ville flottante en fête.

24. — Nous débarquons.

Takou est une ville plate, marécageuse, défendue par des forts blindés construits d'après les derniers modèles européens; elle est inondée par le fleuve Peï-Ho.

Embarquement en chemin de fer.
(Communiqué par le capitaine Porte.)

C'est par ce fleuve que les navires peuvent pénétrer à Takou. Je ne saurais estimer le nombre d'habitants, car la ville est très étendue. Presque toutes les maisons sont bâties en terre et non blanchies. Je remarque cependant près de la gare quelques constructions européennes : ce sont les Russes qui les occupent; ce sont eux aussi qui dirigent momentanément l'exploitation du chemin de fer de Takou à Tien-Tsin. Je ne vois que des Russes ici !

26. — Nous partons pour Tien-Tsin en chemin de fer. A 12 kilomètres avant d'y arriver, se trouve le fameux arsenal où les Boxers livraient le mois dernier un combat acharné. La ville est dans un tel état que toute description me semble impossible. Pas une maison que les obus aient respectée !

Cette cité, qui comptait avant la guerre 1 million d'âmes, qui avait des maisons gigantesques dont beaucoup construites à l'européenne, n'est plus maintenant qu'un amas de décombres. Dans les maisons où nous logeons (ancienne Ecole de médecine), il n'y a pas une place où ne se voient des traces de balles et de mitraille. La gare est complètement détruite; la moitié est brûlée; locomotives et wagons démolis, rails enlevés, forment un désolant tableau. Ajoutez à cela des centaines de cadavres que l'on voit flotter dans le Peï-Ho, gonflés comme des barriques ! Et tout ce que j'écris n'est rien auprès de l'effroyable vérité.

A Tien-Tsin, les soldats japonais sont en majorité; il y a aussi des Russes, des Allemands, peu d'Anglais et d'Américains. La camaraderie entre tous est très bonne et l'on se rend service mutuellement. Je remarque, toutefois, que les Allemands surtout cherchent à se rapprocher de nous et à nous être agréables de toute façon.

Quelques mercantis russes, grecs et japonais s'installent dans des maisons sans demander la permission au propriétaire et vendent leurs marchandises à des prix tout à fait inabordables.

28. — Nous quittons Tien-Tsin pour Péking. Le soir nous arrivons à Yang-Tsoun. Toute la route est inondée; une averse nous a trempés jusqu'aux os. La contrée est occupée par les Russes; ils réparent le pont du chemin de fer que les Boxers avaient fait sauter et commencent à remplacer les poteaux télégraphiques. Nos camarades russes nous offrent une soupe au riz chaude qui nous fait grand bien.

Il se produit alors un incident que je tiens à noter. Un soldat de ma compagnie s'est enivré chez les Russes et refuse de rentrer au cantonnement. Le lieutenant-colonel le menace avec son revolver; je crois qu'il l'aurait tué si le docteur ne l'avait pas retenu. Alors, notre ivrogne est devenu doux comme un mouton et rentre sans rien dire.

29. — Nous marchons vers O-Sien, où nous devons faire étape. Je ne me rappelle pas d'avoir jamais trouvé mon sac aussi lourd. La route est couverte de multiples cadavres (hommes, bœufs, chiens et porcs); je ne vois pas un seul habitant; tous les villages sont déserts. La route (si l'on peut appeler cela une route!) est très mauvaise : à chaque pas on glisse d'un demi-pas en arrière. A la 4e pause, le chemin est semé de traînards, malgré les encouragements des officiers, dont quelques-uns portent les sacs des troupiers. C'est une véritable marche forcée.

30. — Nous allons vers Mi-Tô, toujours en étape forcée; les hommes jettent le linge, chaussures, brosses, etc., pour alléger le sac. Il y a moins de traînards qu'hier.

31. — Nous marchons vers Ma-Téou. Tout est ravagé par les Boxers. Je vois devant des maisons les cadavres de toute la famille, hommes, femmes, enfants égorgés sans doute pour n'avoir pas voulu suivre les Boxers.

**

1ᵉʳ septembre. — L'étape d'aujourd'hui est de 35 kilomètres. La ration est diminuée de moitié. Nos vivres se composent de biscuits, viande de conserve, riz ou haricots; pas de vin.

Pendant la nuit, la sentinelle donne l'alerte par un coup de fusil. Le bataillon ayant beaucoup de jeunes soldats, un brouhaha indescriptible se produit au bivouac; il faut toute l'énergie du colonel pour ramener le calme. On envoie des patrouilles dans toutes les directions; elles ne trouvent rien de suspect et chacun rentre en silence sous les tentes-abris. La sentinelle a déclaré avoir vu quelques silhouettes se glisser à plat ventre vers elle.

J'ai un petit accès de fièvre.

2. — Nous marchons vers Tong-Tchéou. Que de morts sur cette route! Dans une mare, je vois une cinquantaine de cadavres, les uns sur les autres, empestant toute la contrée. Quelle aubaine pour les corbeaux! Aussi se sont-ils donné rendez-vous ici; l'on en compte des milliers.

3. — Nous marchons vers Pali-Kao, où nous arrivons vers 11 heures du matin. Le colonel nous fait porter les armes et prononce un discours émouvant en l'honneur des soldats morts ici en 1860.

Après une grand'halte de deux heures, nous quittons Pali-Kao et nous arrivons, à 4 heures, au mur d'enceinte de Péking. Ce mur, d'après nos missionnaires, a 84 kilomètres de circonférence; sa hauteur varie de 6 à 8 mètres et, tous les 100 mètres, il a un bastion. Le faîte a une telle largeur que 12 hommes de front peuvent y marcher sans être gênés; il est pavé de grosses pierres et la muraille elle-même est faite avec

Caravane de chameaux sous les murs de Péking.
(Communiqué par le capitaine Porte.)

des briques très grosses et très larges. C'est un travail gigantesque, comme on n'en voit pas en Europe.

Encore 12 kilomètres et nous arrivons dans notre cantonnement situé au milieu de la ville impériale, où des richesses immenses ont été trouvées : lingots d'or et d'argent, soieries superbes, argenterie, statues et vases d'or et de bronze. Tout a été remis au général Frey qui doit en faire le partage entre les troupes.

La ville tartare est complètement détruite.

Dans la ville impériale, tous les grands palais sont fermés et gardés par des soldats de toutes les nations représentées en Chine. La légation française est transformée en hôpital et les malades y affluent en masse.

La ville de Péking est loin d'être la capitale que l'on s'imagine en Europe : elle ne ressemble en rien à une ville européenne. On prétend qu'elle est la plus vaste du monde. C'est ce que je tâcherai de savoir ici. En attendant, je n'ai jamais vu d'agglomération aussi sale. Des tas d'ordures sont déposés au milieu des rues ; tout démontre que la malpropreté y a toujours régné. Elle est éclairée par de petites lampes à huile ; mais, la nuit, il fait une obscurité complète.

Le 2e bataillon est cantonné dans le palais impérial.

5. — Nous manquons de vivres ; nous ne touchons que la demi-ration de riz, un quart de ration de biscuit et très peu de viande de mulet, qui n'est pas mauvaise du tout ; ni pain, ni vin.

On aura droit, en échange, à une indemnité de vivres. Si l'on devait me rappeler le prix de toutes les rations que j'aurais dû toucher dans mes campagnes et dont je n'ai jamais vu la couleur, cela me ferait une jolie somme ! Malgré tout je me trouve encore plus heureux que le soldat de garnison, car si je devais rester longtemps dans une ville ou dans un poste, ce qui, Dieu merci! ne m'est pas encore arrivé depuis 1891, j'y mourrais d'ennui.

Il y a maintenant à Péking, comme troupes internationales, Français, Russes, Allemands, Américains, Italiens, Japonais, Anglais et Autrichiens. La famine règne dans toute l'acception du mot; c'est pire qu'en 1895 à l'expédition de Madagascar. Tout est fermé;

Une des portes du palais de l'Empereur.
(Cliché communiqué par la maison Larousse.)

l'on ne peut rien acheter, nous ne touchons pas de solde et nous sommes consignés dans les cantonnements. Nous voilà bien! Mais je suis loin de me chagriner et je ris de bon cœur de ceux qui font triste figure, car ce n'est pas la première fois que je me trouve à pareille fête.

Les plus beaux hommes des troupes internationales en Chine sont incontestablement ceux de la cavalerie américaine : le moins grand a 1^m,85 ! Les plus petits sont les Japonais; mais cette armée japonaise semble très bien organisée. La discipline y est très ferme; les armes et le matériel de transport sont dans un état de propreté très louable. Je profite de cette occasion pour noter ce que j'ai appris sur sa constitution, son organisation et sa mobilisation (1)...

Les hommes ont le goût de leur métier, ils aiment leurs chefs et leur discipline au feu est excellente. La manœuvre de l'infanterie (bataillon en ordre serré), que j'ai eu l'occasion de voir, est exécutée avec beaucoup de précision. Toutefois, dans les formations de combat, un certain flottement était visible, ainsi qu'une certaine hésitation dans les lignes de tirailleurs; mais l'élasticité des hommes dans l'utilisation du terrain me plaisait beaucoup.

L'impression produite par la cavalerie japonaise n'est pas aussi bonne que celle des autres armes; ce n'est pas étonnant, car elle ne peut être parvenue à un degré d'instruction aussi élevé : le pays ne se prête guère à l'emploi de la cavalerie dans le grand style. D'ailleurs, le Japonais n'est pas cavalier et, d'après des hommes compétents, les cavaliers maîtres de leurs chevaux sont la minorité. Par conséquent, il semble douteux que la cavalerie japonaise puisse remplir convenablement le rôle délicat d'éclaireur, bien qu'elle se soit montrée, en 1895, infiniment supérieure à la cavalerie chinoise (2)...

---

(1) Ici l'auteur place une étude militaire intéressante sur l'armée japonaise.
(2) Suivent des considérations sur l'élevage au Japon, les

L'aspect de Péking est tout à fait triste. Je ne vois que des cadavres partout, dans les rues, dans les maisons, dans les puits. Des familles entières ont été égorgées; l'on se heurte à des jambes, des bras, des têtes enveloppés dans des chiffons pourris et qui répandent une odeur insupportable. En ville tout est démoli ou brûlé. Dans aucune de mes précédentes campagnes je n'ai vu pareil spectacle, mais à qui la faute?

Le bruit court que le général Voyron viendra commander le corps expéditionnaire français. Le général Frey doit rentrer en France. Il a l'air très fatigué car, avant de venir en Chine, le général avait fait un séjour de deux ans en Cochinchine et au Tonkin, ce qui ne l'a pas empêché de mener rondement et énergiquement la mission qui lui avait été confiée. Il a été d'ailleurs très bien secondé par le colonel de Pélacot qui, sans faire parler de lui (comme tous ceux qui font consciencieusement leur devoir, il n'aime pas la réclame), a montré ici des qualités militaires admirables; quoi qu'on en puisse dire en garnison, car il est très sévère, il est, en campagne, très bon et très humain.

Le 16º régiment est réduit presque à rien; au 17º et au 18º le nombre des indisponibles est également très grand. Les ambulances des puissances étrangères sont remplies de malades.

Je trouve bien pratiques les voitures-cuisines russes avec leurs chaudières et fourneaux montés sur deux roues; elles permettent de préparer les aliments pendant la marche; les petites voitures japonaises à deux roues, très légères, ne leur sont pas inférieures. Les Allemands, les Anglais, les Américains ont, au con-

---

transports de mobilisation, les compagnies de chemin de fer japonaises et le rôle de l'Etat en matière de voies ferrées.

Attelage allemand.

Voiture chinoise.

traire, adopté de grandes prolonges attelées de quatre chevaux ou mulets qui, jusqu'à Péking, leur ont probablement rendu de grands services; mais comment feront-ils, je me le demande, dans une colonne à l'intérieur d'un pays où il n'y aura pas de routes?

Nous avons, ainsi que les Italiens et quelques corps russes, des voitures à deux roues que nous avons trouvées ou achetées sur place; elles sont loin d'être solides.

Tout ce que je vois ici chez les Anglais et les Américains (excepté leurs prolonges) est réellement plus pratique que chez les autres puissances : chaussures,

Voiture-citerne anglaise.

effets, harnachement, matériel de transport pour les blessés, sont d'une incontestable supériorité. En ce qui concerne la coiffure coloniale, les Allemands ont un casque dont la partie arrière peut, au moyen d'un ressort, se relever ou descendre à volonté; il est bien préférable au nôtre.

6. — L'eau manque ici. C'est avec de grandes difficultés qu'on arrive à laver le linge, sans savon. Les médicaments font défaut, même la quinine. Nous souffrons tous de la faim. La fièvre typhoïde se déclare et 4 hommes du 16ᵉ meurent de cette maladie.

Le rapport d'aujourd'hui nous annonce que les militaires présents à Péking jusqu'au 27 août auront droit à leur part de prise de guerre.

Je ne peux m'empêcher de répéter que c'est tout de même horrible de voir tant de cadavres à Péking. Dans le quartier où nous sommes cantonnés on se heurte dans chaque rue, presque à chaque pas, tantôt à une tête, tantôt sur une jambe, tantôt sur un corps entier. Il est impossible de circuler sans se boucher le nez. Je suis écœuré d'un tel spectacle, quoique j'aie vu beaucoup de morts dans mes trois campagnes précédentes. Dans de telles conditions, Péking n'évitera certainement pas le choléra, sans compter la famine qui y règne déjà.

7. — Comme vivres, nous touchons un peu de riz, quelques choux du pays et quelques navets pour toute la compagnie; pas de biscuits; seuls, les officiers ont un quart de pain noir comme du charbon qu'ils trouvent cependant succulent.

8. — Un *Te Deum* est chanté à la cathédrale en l'honneur de la délivrance de la légation. Le général Frey est reçu à la porte par Mgr Favier qui, un gros cigare à la bouche, nous envoie des sourires. On ne dirait pas, à le voir ainsi, qu'il a tant souffert. M. Pichon, ministre de France, assiste aussi à la cérémonie; mais sa figure porte encore la trace de ses privations.

En prévision de l'hiver qu'on sait très rigoureux, le général Frey ordonne une fouille dans chaque secteur et dans les maisons abandonnées afin d'y chercher des couvertures. Il défend de toucher à tout autre objet et de pénétrer dans les maisons habitées ; chaque corvée est accompagnée d'un officier qui est personnellement responsable.

L'on demande par la voie du rapport les noms des hommes qui ne croient pas pouvoir supporter l'hiver ici, pour être rapatriés le mois prochain. Il s'en présente en masse. Déjà ! Il y a tout de même des hommes dans l'infanterie de marine qu'on ne pourrait jamais contenter. En France, on les entend journellement réclamer pour avancer leur départ aux colonies, disant qu'ils se sont engagés dans l'arme exprès pour cela ; quand ils sont aux colonies, voyant dès leur arrivée que les pigeons rôtis ne viennent pas tout seuls leur tomber dans la bouche, ils hurlent contre leurs officiers, contre l'Etat, contre tout le monde et réclament leur rapatriement. Heureusement que tout le monde ne pense pas ainsi !

Le 1er bataillon du 18e régiment arrive à Péking complètement exténué, comme nous. Deux soldats du 17e meurent de la fièvre typhoïde.

9. — Aujourd'hui, trois soldats français ont été tués en plein jour dans le quartier tartare.

Certains palais sont gardés avec exagération de méfiance internationale que je trouve ridicule. Ainsi, par exemple, le palais impérial est protégé par un poste de chaque nationalité : Français, Allemand, Russe, Anglais, Américain et Italien. Les sentinelles ont pour consigne d'interdire l'accès aux personnes d'une nationalité différente. Aujourd'hui, une dame anglaise qui se dit la femme d'un consul veut pénétrer à tout prix dans le palais ; elle est arrêtée par le poste français et, entre quatre hommes, baïonnette au canon, on la fait battre en retraite.

10. — Nous touchons 100 grammes de pain noir, un quart de vin et 15 grammes de tabac par homme.

12. — Une compagnie du 16e régiment se rend à Tien-Tsin pour être rapatriée. En regardant cette compagnie qui va quitter le pays, je ne peux m'empêcher de lui rendre hommage au fond du cœur, ainsi qu'au 16e tout entier, car c'est lui qui est venu le premier en Chine. Il a supporté de grandes souffrances ; il a livré les combats devant Tien-Tsin, à l'Arsenal, fait la marche sur Péking sans vivres d'aucune sorte. A Péking, il dut avancer pied à pied pour délivrer la Mission catholique. Ce régiment a perdu en moyenne 50 hommes par

Boutiques chinoises.
(Cliché communiqué par la maison Larousse.)

compagnie pendant la campagne ; c'est le bataillon tiré du 11e qui a le plus souffert.

L'indemnité de cherté de vivres est fixée, pour les

soldats, à 0 fr. 35 par jour, mais on ne peut rien acheter.

13. — Un chef boxer est arrêté au marché : un interprète chinois l'a reconnu et dénoncé.

L'on se demande avec effroi pendant combien de temps nous aurons une aussi pauvre nourriture ! Nous touchons aujourd'hui 2 cuillerées de riz et 100 grammes de pain noir ; c'est tout. Je ne me rappelle pas d'avoir, dans mes précédentes campagnes, souffert de la faim autant qu'ici. J'ai toujours eu au moins quelques morceaux de biscuit à grignoter ; nous en sommes privés. Pendant toute la journée nous faisons des travaux assez pénibles et, le soir, on tombe littéralement de fatigue et de faim. Notre capitaine nous encourage de son mieux; mais il souffre lui-même du même mal.

14. — Il y a trop de jeunes soldats dans cette compagnie ; pour un rien ils se font porter malades. Aujourd'hui, sur 29 présents à la visite, 6 seulement ont été reconnus. Le capitaine dit qu'il sévira rigoureusement contre les autres.

Certes, ce n'est que la faim qui pousse ces jeunes soldats à cet acte d'indiscipline ; mais je trouve qu'il faut dans notre situation raisonner convenablement. Ce n'est pas la faute du régiment; les officiers et les vieux soldats souffrent comme les autres sans pour cela se décourager et entraver la marche du service journalier. Nous avons eu bien d'autres privations au Dahomey et à Madagascar et nous n'en sommes pas tous morts ! Mais voilà ce que c'est que d'envoyer des jeunes soldats en campagne : un certain nombre est déjà désigné pour rentrer en France.

Je veux terminer ma quatrième année de séjour colonial ou bien... Mais je ne crois pas que je mourrai ici, car, jusqu'à présent, le destin m'a toujours été favorable et je ne me décourage jamais.

16. — L'on commence doucement à déblayer la rue des cadavres en les couvrant de chaux.

Un Chinois, témoin oculaire de l'assassinat de l'ambassadeur allemand, baron de Kettler, me conduit au lieu du crime et m'explique la façon dont l'événement s'est passé.

Carte de membre de société secrète.
(Cliché communiqué par la maison Larousse.)

Il est maintenant avéré que c'est le prince Tuan qui est le principal auteur de l'insurrection des Boxers. Il avait persuadé le généralissime Yung-Lou, qui voulait s'emparer du gouvernement, de l'opportunité d'une action. Yung-Lou avec son armée s'est joint à Tuan et tous marchèrent d'accord avec les Boxers. D'autre part, il y avait plusieurs princes chinois qui agissaient pour leur propre compte, avec les mêmes intentions.

Actuellement, il n'existe pas de gouvernement en Chine : dans le sud, les vice-rois agissent comme s'ils étaient indépendants. Les habitants de la basse classe commencent doucement à revenir à Péking. On les autorise à fouiller dans les maisons inhabitées afin de se procurer des vivres ; aussi faut-il voir avec quelle avidité ils accomplissent ce travail. Ils emportent les meubles, les habits, les sapèques, le riz, tout...

Le général Frey se rend à Tien-Tsin pour recevoir le général Voyron. L'on dit qu'il ne reviendra plus à Péking.

Je m'étonne que les Dames de France nous oublient complètement dans de pareilles circonstances. Je me rappelle cependant qu'au Dahomey, à Madagascar, elles s'occupaient de nous et nous envoyaient quelques douceurs au moment où l'on en avait grand besoin. Pourquoi, depuis quelques années déjà, semblons-nous avoir démérité leurs faveurs? Ne faisons-nous plus notre devoir de soldats comme avant?

19. — Un convoi de bagages arrive. Les bagages sont donc plus utiles que les vivres? Aujourd'hui, nous touchons un petit pain noir et du riz à l'eau le matin, pas de viande ni de café. Le soir, le menu change un peu, car il y a... de l'eau avec du riz. En revanche, on nous nourrit avec la lecture d'ordres généraux où l'on nous dit que nous avons droit à des tas de bonnes choses dont nous ne verrons jamais la couleur. Les officiers ont toutes les peines du monde à relever un peu le moral des jeunes soldats qui semblent s'affaiblir à vue d'œil. A cela s'ajoute un service très pénible, un internement rigoureux et l'on peut comprendre le découragement général qui règne parmi les troupes.

Pendant la nuit dernière, une petite bande de Boxers attaque la sentinelle placée à la Mission : 5 hommes de cette bande sont faits prisonniers. Interrogés, ils répondent qu'ils avaient l'intention de massacrer tous les catholiques chinois. Ils ont été exécutés aujourd'hui même.

L'on sait maintenant que les Boxers se sont entre-tués avant notre arrivée à Péking, ce qui explique le grand nombre de cadavres trouvés dans la rue.

Un groupe de Boxers.
(Cliché communiqué par la maison Larousse.)

L'on sait aussi par quelques interprètes, qui nous semblent dévoués, que le gouvernement chinois se moquait des ministres étrangers comme il faisait à Quang-Chéou-Ouan, pendant la délimitation. Il voulait leur faire croire que les Boxers, c'est-à-dire les sociétés secrètes de patriotes, combattaient seuls contre les alliés, tandis qu'on est convaincu de l'appui matériel qu'il leur donnait. Mais tant va la cruche à l'eau qu'à la fin elle se casse. Eh bien ! la cruche chinoise est cassée. Je crois le moment venu de s'emparer de cette Chine où tant de sang européen a déjà coulé. Si les alliés ne le font pas, s'ils se laissent influencer par les sentiments humanitaires venant de l'Europe, sentiments que trouvent déplacés tous ceux qui savent ce qui se passe ici depuis de longues années, ils commettront une impardonnable mauvaise action.

22. — Les malades des infirmeries improvisées sont renvoyés dans leurs compagnies par suite du manque de médicaments et de pansements.

23. — Je regarde aujourd'hui manœuvrer les Japonais, les Allemands et les Italiens.

La manœuvre des Japonais est vraiment admirable. Au premier coup d'œil, on peut juger que leur discipline est parfaite. J'avais eu d'ailleurs l'occasion de les voir sur la route de Tien-Tsin à Péking ; ils marchaient en très bon ordre, avec très peu de traînards. Le commandement est bref et sec, chacun semble être naturellement à sa place, pas de courses, ni de cris. Il faut remarquer que le Japonais en faction ne rira jamais, même si on le chatouillait. La manœuvre des Allemands, surtout le maniement d'armes, offre au spectateur un aspect magnifique. Celle des Italiens est au contraire bien loin de me plaire : c'est mou, il y a trop de mouvements composés. Je ne m'explique pas la course continuelle des gradés dans l'école de compagnie, qui vont de droite à gauche et *vice versa*.

J'ai vu aussi manœuvrer les cavaliers russes ; cela ressemble plutôt à une fantasia arabe. Leurs harnachements laissent beaucoup à désirer, ainsi que la propreté des chevaux ; l'entretien des armes semble également négligé, la rouille éclate aux yeux.

Les troupes les mieux ravitaillées sont actuellement les troupes allemandes. On leur distribue des boîtes de cacao, des confitures, des jambons, du beurre, des petits pois et des haricots verts en conserve.

Qui de nous aurait cru, il y a un an seulement, que nous mangerions avec des Allemands, à la même table, et que nous choquerions nos verres contre les leurs ? C'est cependant ce qui nous arrive aujourd'hui à la porte principale de Péking où nous sommes de garde avec eux. Ils nous ont invités et, pour la première fois depuis notre arrivée en Chine, nous faisons un repas copieux.

Une sorte d'amitié s'établit d'ailleurs entre les Allemands et les Français, et nous devons leur rendre cette justice qu'ils font tout ce qu'ils peuvent imaginer pour nous être agréables. Je m'en suis aperçu plusieurs fois.

Je n'ai pas encore vu manœuvrer les Américains. Leurs cavaliers ont une allure fière, les chevaux et les harnachements sont très bien entretenus ; mais on a généralement une mauvaise idée de leur infanterie : les fantassins ne sont que des mercenaires servant pour l'argent et n'ayant aucun amour-propre du soldat. Ils désertent dès que la bonne nourriture et le bien-être leur font défaut.

Le soldat anglais a une attitude et une allure mécaniques, je le trouve ridicule. Il est aussi très égoïste ; on le voit rarement parler avec les soldats des autres nations. Ce matin, par exemple, j'ai prié un Anglais de me prêter un seau pour puiser de l'eau ; c'est avec des grimaces qu'il l'a fait et à mon « I thank you » il n'a même pas répondu.

On demande dans la compagnie des volontaires pour une colonne qui doit quitter Péking demain matin. J'en fais partie et je passe à la 7ᵉ compagnie du régiment. Cette colonne se compose d'un bataillon du 17ᵉ et d'une batterie d'artillerie de marine sous les ordres du lieutenant-colonel Rondony. On nous adjoint 600 coolies pour le ravitaillement.

DEUXIÈME PARTIE

24 septembre. — Nous quittons Péking, vers 6 heures du matin, avec un sac un peu moins lourd que celui de notre marche depuis Tien-Tsin, car les coolies portent nos couvre-pieds. Nous arrivons vers 5 heures du soir

Paysage chinois.
(Cliché communiqué par la maison Larousse.)

à Lu-Ku-Kiao, où déjà se trouve un détachement de cipahis indiens.

26. — On renvoie les coolies à Péking pour chercher des vivres. Nous resterons probablement quelques jours ici pour les attendre. Pour me distraire, je visite deux ponts gigantesques, très anciens, mais bien mal entretenus.

L'aspect du pays a changé, car nous sommes au milieu des montagnes. La nuit, on distingue parfaitement des signaux avec des lumières faits par les Chinois, comme à Quang-Cheou-Ouan.

27. — Les sous-officiers seuls touchent un quart de vin.

Reconnaissances dans les montagnes.

Au point de vue de la salubrité, nous sommes mieux ici qu'à Péking. Pour le reste c'est la même chanson : manque complet de vivres et de médicaments. Nous ne touchons même pas de biscuits ; un peu de riz et une boîte de viande pour 12 hommes et c'est tout. Ah ! si je voulais compter les jours de jeûne que les troupes ont en campagne, j'en pourrais faire un petit volume. Mais comme la rédaction de toutes ces histoires n'est pas mon fort, j'en laisse le soin aux officiers qui sont plus instruits que moi.

Pour l'instant il s'agit d'avoir soin de bien serrer la ceinture sans se plaindre et surtout sans se décourager. D'ailleurs à quoi nous servirait-il de geindre ? Nous en avons vu bien d'autres dans des climats plus meurtriers qu'ici. Eh bien, ici nous n'en mourrons pas davantage. C'est le moment d'être philosophe.

28. — La 5ᵉ compagnie va occuper le village de Chan Song-Sien, à quelques kilomètres d'ici.

Aujourd'hui les sous-officiers touchent une ration et un quart de vin, et nous rien. C'est décourageant tout de même de voir en campagne les uns manger et boire et de ne pouvoir pas faire de même, malgré des droits égaux. A Madagascar, en 1895, l'effet produit fut désastreux.

On agit pourtant ainsi fréquemment dans les colonnes, sous prétexte qu'il n'y a pas assez pour tout le monde, et ensuite pour encourager les sous-officiers. Mais si l'on admet 50 sous-officiers et 600 soldats au bataillon, en conservant le vin pendant six jours, l'on pourrait donner le 6e jour un quart de vin pour deux hommes et tout le monde serait content. Aura-t-on un meilleur résultat si l'on décourage 600 hommes pour encourager 50 sous-officiers? Je ne le crois pas, car j'ai déjà vu le contraire. Espérons que le lieutenant-colonel, qui est un homme expérimenté, s'en apercevra assez tôt pour modifier la situation actuelle.

En campagne, lorsqu'il y a manque de vivres, les anciens soldats cherchent à soutenir le moral de leurs jeunes camarades en leur faisant comprendre qu'aux colonies, à la guerre, les transports sont autrement difficiles qu'en France ou aux manœuvres, et parfois même impossibles ; que le manque de vivres n'est nullement la faute des officiers. Mais quand les uns touchent des rations et pas les autres, les jeunes soldats surtout cherchent, sous prétexte de fatigues, à être évacués dans une ambulance. Cela explique l'encombrement des formations sanitaires, les médecins évacuant toujours les hommes qui reviennent trop souvent à la visite, pour s'en débarrasser. Qui en souffre ? Ceux qui restent.

Nous versons tous les jours 0 fr. 25 à l'ordinaire, plus les 0 fr. 35 de cherté de vivres ; mais les compagnies ne peuvent absolument rien acheter ici. Qui profitera de tout notre argent ? Ceux qui nous succéderont, parbleu ! les renforts, qui n'auront souffert d'aucune privation et qui bénéficieront des économies réalisées par l'ordinaire, quand les communications avec l'arrière et les ravitaillements seront plus faciles. Cela, je l'ai vu dans toutes mes campagnes. C'est toujours le renfort venant de France qui profite de l'argent versé par les soldats pendant la campagne, car les soldats qui ont fait l'expédition sont en majorité trop anémiés pour continuer leurs services dans la colonne et doivent être rapatriés.

Le colonel nous explique aujourd'hui le but de notre marche :

Notre bataillon doit préparer la marche d'une colonne internationale venant de Péking et marchant sur Pao-Ting-Fou par Chou-Cheou. Nous devons en même temps surveiller la ligne de chemin de fer Péking - Han-Kéou construite par une compagnie franco-belge, détruite par les Boxers et dont les Anglais voudraient s'emparer sous prétexte de la réparer.

Ils ont déjà d'ailleurs planté leur drapeau sur le pont du chemin de fer ; mais nous l'avons ôté hier au soir et remplacé par un drapeau français. Les Anglais n'ont pas protesté. Il n'aurait plus manqué que cela !

Comme nous ne sommes pas en grand nombre et que MM. les Boxers nous guettent, nous n'avançons que très lentement. Les bataillons du même régiment venant de Péking nous suivent progressivement. Nous ne formons donc que l'avant-garde ou plutôt les éclaireurs de la colonne qui est encore à Péking.

Dans son rapport, le colonel nous dit que nous devons être fiers de notre mission qui nous met en première ligne ; il nous engage à faire de notre mieux pour nous montrer dignes de la confiance placée en nous.

Les nuits sont froides et nous supportons très bien les effets de flanelle dans la journée.

29. — Aujourd'hui, le 5ᵉ jour où nous ne touchons qu'un peu de riz et une boîte de conserve pour 12 hommes. Pas autre chose ! Peut-être veut-on faire une expérience sur nous ? Je crois qu'il serait temps de la terminer, car nous sommes à bout de forces et, comme si le sort se moquait de nous, voilà que la dysenterie et la diarrhée nous honorent de leurs visites. Près de la moitié du bataillon est malade.

Toutefois, ce qui me plaît chez beaucoup de jeunes soldats, c'est qu'ils se laissent guider par les anciens et leur obéissent. Ils ne se découragent pas aussi facilement que ceux que j'ai vus à Madagascar et je suis certain que plus tard ils nous sauront gré de nos conseils. Dans les circonstances difficiles, le devoir de tout gradé comme des anciens soldats est d'encourager les jeunes par tous les moyens possibles si l'on tient tant soit peu à l'honneur du corps auquel on appartient, et si l'on ne veut pas que les escouades fondent comme à la campagne de 1895 qui, d'après moi, fut un désastre. Il faut surtout agir contre le découragement qui ne tarde pas à se changer en démoralisation, car c'est cela qui fait les désastres. J'en ai noté les moyens dans mon carnet de Madagascar.

30. — Reconnaissance à une quinzaine de kilomètres d'ici. En cas d'attaque, nous devons agir de concert avec le détachement anglais et nous enfermer dans le fort qu'il occupe.

1er octobre. — Septième jour de jeûne. Le lieutenant-colonel a, paraît-il, adressé une protestation énergique à Péking. Moi, je commence à me fatiguer d'inscrire le menu quotidien. Je trouve qu'un peu de riz et de viande de conserve ne vaut pas l'honneur d'un souvenir, quoique j'imagine que je n'oublierai jamais ces longues diètes forcées.

2. — Le colonel blâme sévèrement dans son rapport d'aujourd'hui les hommes qui lui ont adressé une réclamation collective contre la nourriture. Il dit qu'il trouve cette manifestation indigne de soldats.

Je ne comprends pas une pareille réclamation. Le colonel est-il responsable de notre diète ? Non ; nous savons, au contraire, qu'il a déjà réclamé pour nous. D'ailleurs, nous n'avons pas à chercher d'où provient la faute, à qui incombe la responsabilité. Dans chaque

Muraille de ville chinoise.

expédition coloniale on a manqué de vivres. Et nous n'avons pas le droit de nous plaindre pour cela, car nous sommes tous des volontaires. Nous n'avions qu'à nous renseigner auparavant. En attendant, en campagne on ne va pas à un banquet. Je comprends qu'on jase entre camarades et que l'on note cela sur son carnet de souvenirs, mais aller réclamer au colonel ! je trouve, comme lui, que c'est indigne. Le mépris du danger et des privations sont l'honneur et l'orgueil du vieux soldat colonial. Il éprouve plus tard une âcre jouissance, une fierté justifiée d'avoir résisté malgré tout.

Evacuation d'un convoi de malades sur Péking. C'est le troisième en huit jours ; tous ont la dysenterie, la diarrhée, la fièvre bilieuse ou la rectite.

3. — La reconnaissance d'aujourd'hui dans les montagnes a pour but l'enlèvement d'un troupeau gardé par les Boxers. Nous marchons toute la journée sans pause, sur des cailloux pointus qui nous font horriblement souffrir ; nous rencontrons sur notre route des mines de charbon sur lesquelles nous plantons un drapeau français ; nous plaçons le village Ly sous notre protection et nous affichons dans plusieurs localités des proclamations invitant les habitants au calme et à la confiance. Nous ne rencontrons les Boxers qu'à l'entrée de la nuit ; ils se sauvent à toutes jambes en abandonnant leur troupeau. Nous voilà donc transformés en bouviers, y compris le lieutenant qui tient aussi un bâton : et hi, et ho ! courant et tapant après les bœufs qui nous refusent l'obéissance, nous rentrons enfin à Lou-Kou-Kiao très tard, complètement éreintés ; mais la journée a été bien employée et nous aurons désormais de la viande à manger.

5. — Un magasin de ravitaillement étant installé ici (il se compose tout juste de quelques boîtes de conserve et de trois caisses de biscuit), nous avançons de 12 kilomètres au sud-ouest jusqu'à Lang-Son-Sien. Les Allemands ont déjà bombardé la ville et tout brûlé.

6. — La batterie d'artillerie nous devance. Même spectacle que sur la route de Tien-Tsin à Péking : des cadavres partout. Dans ce village, les Boxers ont emmené les paysans qu'ils obligeaient à combattre, et guéri, en les décapitant, tous ceux qui s'y refusaient sous prétexte de maladie.

7. — Le convoi nous annonce que le général Voyron est arrivé à Péking et a passé une revue des troupes.

Le 3ᵉ bataillon du 17ᵉ arrive ici. Les hommes nous disent qu'après notre départ ils ont eu du pain et du vin. Eh bien, ils verront que les bonnes choses ne leur donneront pas d'indigestion pendant la colonne.

Voilà les hasards des campagnes ! Pendant que les uns meurent de faim, les autres boivent et mangent et sont à l'abri de toutes les misères. Il faut encore remarquer (et je ne mets aucune malice à cela) que ceux-ci, lorsque la campagne est terminée, regardent les premiers avec une certaine hauteur qu'on peut traduire ainsi : « Vous n'étiez pas débrouillards comme nous ; si vous voulez ne pas maigrir, vous n'avez qu'à rester en arrière. » Un proverbe dit fort judicieusement : « Ce n'est pas toujours celui qui mange l'avoine qui la mérite » ; mais celui qui la mérite s'en passe souvent.

8. — Le courrier venant de Péking nous apporte des nouvelles assez tristes. Un grand nombre de nos camarades évacués dernièrement sont morts de la dysenterie. Je crois aussi remarquer qu'il règne dans les compagnies un certain découragement : les hommes s'ennuient mortellement ; d'autres ont la nostalgie. Ce qui est certain, c'est que l'effectif diminue à vue d'œil. Des compagnies, qui comptaient 150 hommes il y a un mois à peine, n'en ont plus guère que 80 ; le 2ᵉ bataillon surtout a son effectif très diminué.

Je l'ai déjà dit : dès le début de la campagne on a envoyé des hommes trop jeunes. D'autres viennent de la Guerre et n'ont jamais fait colonne ; ils sont encore pires que les jeunes. Et cependant les premières troupes d'une expédition doivent être soigneusement triées. Il vaudrait mieux réduire l'effectif et n'avoir que des hommes sur lesquels on puisse compter. N'avons-nous pas eu suffisamment de leçons et d'exemples ?

9. — Le gros de la colonne avance jusqu'à Liou-Li-Ho en une seule étape. Ma compagnie est envoyée sur le flanc droit de la colonne pour réquisitionner des voitures, des bœufs et des coolies ; la 5ᵉ compagnie a la même mission sur le flanc gauche. Nous devons rejoindre le gros à Liou-Li-Ho.

Les mandarins réfléchissent...
(Communiqué par l'adjudant Vacelet.)

Vers 1 heure de l'après-midi, nous arrivons dans un grand village entouré d'un mur formidable ; c'est le premier occupé par ses habitants que je vois depuis Tien-Tsin. C'est aussi la première fois que les habitants ne fuient pas à notre approche.

A la porte d'entrée nous sommes reçus par les autorités chinoises en grande tenue : la peur cependant se lit sur leurs visages ; mais ils ont, malgré tout, le sourire sur les lèvres. C'est ce sourire qui m'énerve, car je le sais traître : j'en ai acquis l'expérience à Quang-Cheou-Ouan, où j'ai passé vingt-deux mois ; aussi je me méfie chaque fois que je vois un Chinois rire.

Notre capitaine leur expliqua le but de notre mission et leur demanda de mettre à notre disposition 10 voitures attelées, 15 mulets, 100 coolies et des bœufs si c'était possible ; il ajouta aussi que les mandarins paieront de leur vie le premier mouvement hostile de la part des habitants, et plaça des sentinelles doubles aux quatre coins du village.

Vers 4 heures nous repartons et nous arrivons, le soir, dans un autre village où nous passons la nuit ; presque toute la compagnie est employée au service de garde, les uns comme sentinelles doubles, les autres près des chevaux, voitures et coolies.

10. — Au matin on se fractionne en deux groupes ; nous partons suivant deux directions pour réquisitionner encore des coolies et du bétail. Retour vers midi avec 40 bœufs, 15 mulets et 30 chèvres, mais pas de coolies : tout le monde se sauvait en nous voyant venir. Nous nous mettons aussitôt en route pour Liou-Li-Ho où nous arrivons dans la soirée.

A signaler un petit accident : le capitaine a fait fusiller un coolie qui refusait de conduire nos troupeaux et se montrait très hostile. Les exemples sont parfois malheureusement inévitables en campagne, car ils sont souvent nécessaires pour le salut d'une colonne.

11. — On nous apprend que le commandant de Gaye est entré à l'hôpital de Péking ; le commandant Fonssagrives est à l'avant-garde de la colonne.

Vu l'effectif toujours décroissant, chaque compagnie ne formera plus que deux escouades par section. Beau résultat du mauvais choix dans la composition d'un corps expéditionnaire ! Il y a dans les régiments coloniaux en France des hommes qui ne rêvent que de marcher vers l'inconnu ; c'est dans cette intention et rien que pour cela qu'ils s'engagent dans ces corps. Une expédition lointaine est pour eux quelque chose qui les entraînera vers des sites enchanteurs ; l'exagération des images dans quelques journaux illustrés relatant des faits passés outre-mer les enivre. Mais combien sont-ils détrompés, hélas ! quand ils voient se réaliser leur rêve ; quand, au lieu de faire des actions d'éclat, souvent ils ne doivent lutter que contre la fatigue et la misère. Quel terrible réveil, dans lequel tant de soldats ont déjà succombé !

La contrée que nous traversons maintenant est très bien cultivée ; mais tout est caché ou emporté au loin. Les cultures principales sont le maïs et les légumes (choux, navets, aubergines, oignons, épinards). On voit aussi quelques arbres fruitiers, tels que pruniers, poiriers et même des vignes ; champs et jardins sont entièrement saccagés. Mais toute la Chine du Nord est dépourvue de ces bambous qui rendent tant de services aux soldats en colonne.

Le froid commence à être très sensible. Dans la journée nous portons vareuse, capote, pantalon de flanelle ; la nuit on gèle presque. Un vent froid souffle et nos misérables cases sont dépourvues de portes et de fenêtres (peut-être à cause de l'impôt). Qu'est-ce que cela doit être pendant l'hiver ?

13. — Travaux de route pour le passage de l'artillerie. Nous recevons un convoi de chameaux chargés de vivres ; ce sont des animaux à deux bosses ; leur marche est plus lente et plus lourde que celle des chameaux d'Algérie.

Les nouvelles de Péking sont de plus en plus tristes.

La mort fauche sans pitié dans notre pauvre régiment qui aurait tant besoin de ses hommes. Si cela continue, certaines compagnies ne retourneront en France qu'avec la moitié de leur effectif. La mienne (la 7e), qui comptait 150 hommes il y a trois mois,

Convoi de chameaux.

n'en a plus que 69. Oui, le départ pour une expédition se fait toujours avec enthousiasme ; mais le retour...

Soir. — Enfin, la colonne internationale arrive. Elle a quitté Péking hier matin, ayant fait 50 kilomètres en deux jours. Un général anglais la commande ; les hommes emportent sept jours de vivres. La composition des troupes est la suivante :

Français : 2 bataillons du 17e et 2 batteries d'artillerie de marine ;

Allemands : 2 bataillons de fusiliers de marine,

1 batterie d'artillerie de marine (chaque compagnie a 16 bicyclettes) ;

Anglais : 1 régiment de cavalerie (cipahis de l'Inde) et une batterie d'artillerie de Hong-Kong ;

Italiens : 2 bataillons de bersaglieri et 1 batterie de débarquement.

Une route chinoise.
(Photographie communiquée par M. Milhe, des douanes chinoises.)

L'artillerie et la cavalerie anglaises bivouaquent; les Allemands, les Italiens et les Français sont cantonnés.

C'est une belle occasion de comparer ici ces diverses troupes de nations européennes, puisque je les vois en campagne, et de les juger impartialement. Donc voici mon opinion :

Les Italiens me semblent les plus fatigués, d'après leurs nombreux traînards qui arrivent par paquets de 10 à 15 hommes. Leur système de marche me paraît tout à fait abominable : ils portent leur linge dans un couvre-pieds en bandoulière auquel sont attachés les outils de campement et les chaussures. Cela doit les étouffer ! De plus, je vois beaucoup de traînards marcher pieds nus par suite de leurs chaussures, qui sont réputées en Chine comme de qualité très inférieure.

La cavalerie anglaise observe pendant la marche un ordre parfait ; les chevaux, très bien harnachés, sont bien entretenus ; les hommes sont bien équipés et bien habillés ; ceci est incontestable. L'aspect des Allemands est bon, le pas est normal, les hommes sont alertes. Ils portent le havresac en peau de chèvre, des demi-bottes ; mais je trouve très peu pratiques les ustensiles de cuisine en campagne. Chaque homme a sa marmite. Celui qui a inventé cela ne s'est pas rendu compte que de nombreux soldats arrivent à l'étape exténués et se couchent au lieu de faire la cuisine, ce qui n'arrive pas chez nous : en faisant préparer le repas par escouade et non individuellement, il y a toujours un ou deux hommes qui, malgré la fatigue, se dévouent pour les autres et tout le monde mange. De plus, il faut noter l'inconvénient de la distribution individuelle des vivres donnant du travail et des soucis supplémentaires aux chefs d'escouades qui sont déjà suffisamment ennuyés en campagne. Non ! le plus pratique est encore le plat et la marmite pour six hommes et la cuisine par escouade.

En passant devant un groupe d'officiers français, tous les officiers étrangers saluent du sabre et je remarque, lorsque les rangs sont rompus, que plusieurs officiers français et étrangers se serrent la main avec cordialité.

14. — Départ de la colonne vers Chou-Cheou ; ma section est subitement désignée pour aller occuper Cho-Ko-Sien pendant que les troupes se concentreront à Chou-Cheou. Nous y arrivons à midi et nous nous installons au pied d'une mine de charbon.

J'ai remarqué hier au soir, à Liou-Li-Ho, que les soldats de la colonne internationale y ont tout dévalisé, malgré les écriteaux placés à chaque coin de la ville, indiquant qu'elle était sous la protection française. Ils ont même tué quelques habitants qui ne voulaient pas se laisser piller. Certes la faim et la soif peuvent pousser un homme à des actions criminelles ; mais les Chinois auront certainement une triste idée de la civilisation européenne.

En réalité, c'est le Service de ravitaillement qui est la cause de tout cela. Si l'on donnait des vivres aux hommes, on pourrait les empêcher de piller. Je trouve d'ailleurs bizarre qu'en Europe une nation quelconque reproche à une autre sa barbarie dans les guerres coloniales. Ici, nous les voyons toutes à l'œuvre ; l'une vaut l'autre. Un spectateur impartial est même obligé de reconnaître que c'est encore la France qui est la plus humaine en Chine, puisqu'elle place villes et villages sous sa protection sans aucun avantage pour elle, et qu'elle empêche ainsi de piller, de brûler, tuer les habitants. Hier, par exception, il nous était impossible d'empêcher tant de milliers de soldats affamés de se procurer leur nourriture, et c'est la faim qui a fait commettre les meurtres signalés plus haut.

15. — Nous faisons des tranchées autour de notre case ; la nuit, tout le monde veille. Hier nous avions cru rencontrer ici des Anglais ; mais le drapeau français seul flotte sur les murs de la mine de charbon.

16 et 17. — Reconnaissances dans tous les villages environnants. Les habitants nous reçoivent avec une méfiance visible, mais toujours avec leur fameux sourire. Tout est brisé, démoli ; l'on ferme tout à notre approche. Détail à noter, nous ne rencontrons pas une seule jeune femme ; le sexe féminin n'est représenté que par des vieillards ou des enfants en bas âge.

18. — Oui, c'est bien aujourd'hui le 18 octobre 1900, journée mémorable et de joie pour nous, car nous avons touché deux quarts de vin et du pain mangeable pour la première fois de la campagne. C'est une véritable fête. Oh ! que cela semble bon après d'aussi longues privations ! Celui qui ne s'est jamais trouvé dans notre cas ne saurait s'imaginer la joie que nous ressentons. Je suis sûr que notre capitaine nous a envoyé la première fournée avant d'y avoir goûté lui-même. Espérons qu'on aura désormais de pareilles journées.

20. — Les Anglais, Allemands et Français installent un poste de ravitaillement à Liou-Li-Ho ; les Italiens négligent ce détail si important cependant.

21. — Nous capturons deux Boxers l'arme à la main ; ils sont condamnés à mort.

Les troupes françaises, sous les ordres du colonel Lalubin, se détachent de la colonne internationale pour se diriger sur Pao-Ting-Fou par une autre route.

D'autre part, l'infanterie et la cavalerie françaises récemment débarquées à Takou forment avec des Russes et des Japonais une colonne indépendante venant de Tien-Tsin et marchant également sur Pao-Ting-Fou.

24. — Les 2 Boxers sont exécutés.

On installe à Liou-Li-Ho une ambulance mixte sous les ordres d'un médecin français secondé par des infirmiers français et allemands.

25. — Les troupes françaises de la colonne Bailloud comprennent 2 bataillons de zouaves, 2 bataillons des 58e et 61e de ligne, des chasseurs d'Afrique et une batterie. Ces troupes sont débarquées, le 5 octobre, à Takou. Il paraît que cette colonne, qui a Tien-Tsin comme base de ravitaillement, aurait dû déjà atteindre son but ; c'est pour parer à ce retard que la colonne Lalubin s'est détachée de la colonne internationale.

La muraille de Pao-Ting-Fou.

Un ordre général nous apporte la triste nouvelle suivante :

Un détachement de zouaves, en marche sur Chang-Haï-Kouan, a été pris pour une troupe de Boxers par les Russes qui occupaient déjà la ville, et cette confusion a causé des coups de fusil entre Russes et Français. Les premiers ont eu 3 morts et 4 blessés et les zouaves 2 morts et 7 blessés. Quand on a reconnu l'erreur, les Russes vinrent embrasser les zouaves en pleurant. Les larmes coulaient..., mais le sang aussi.

Les zouaves en Chine.
(Communiqué par le commandant Aubé.)

A la suite de cet événement, le général en chef ordonne qu'à l'avenir toute colonne en marche arrivant devant une localité qu'on suppose occupée par des troupes étrangères devra déployer son drapeau pour éviter une nouvelle catastrophe. C'est la deuxième entre Russes et Français; des soldats d'infanterie de marine furent victimes de la première. Il est triste de constater que, seuls de toutes les troupes internationales, les

Russes ignorent les uniformes des zouaves et des marsouins.

Je me permettrai à cette occasion de critiquer la tenue des zouaves. Il m'est difficile d'admettre qu'on habille un soldat d'une nation civilisée avec des habits moitié féminins, moitié arabes ,et surtout qu'on l'envoie aux colonies avec cette tenue grotesque. A quoi lui sert, je me le demande, sa petite veste ? Et son pantalon avec lequel il s'accroche partout, comme les tirailleurs algériens dans les forêts de Madagascar, et qui est trois fois plus lourd qu'un pantalon de coupe droite ? Ici, d'après les affirmations de camarades venant de Takou, les zouaves ont, par leur accoutrement, excité l'hilarité des soldats étrangers et même des Chinois.

La demi-ration de vin qu'on devait toucher aujourd'hui est supprimée par ordre du colonel Lalubin, parce qu'un militaire a brisé une statue religieuse dans le village.

27. — Les camarades venant de Péking nous disent que les Russes ont donné une fête en l'honneur des militaires blessés pendant la méprise de Chang-Haï-Kouan ; les blessés français ont reçu des décorations russes.

L'ordre général nous apprend que le maréchal de Waldersée est arrivé à Péking, qu'il a pris le commandement des troupes internationales et passé une revue des détachements présents dans la capitale.

Voilà un maréchal qu'on pourrait comparer au maréchal conseiller de l'armée japonaise. Son utilité me paraît contestable maintenant que les grandes affaires sont presque terminées. Il semble qu'il n'ait été envoyé ici que pour éblouir le monde, car il traîne, dit-on, toute une cour après lui, même un cuisinier qu'il paye 1.000 francs par mois. Dans des conditions pareilles, je resterais toute ma vie en campagne. En somme, on peut considérer le maréchal de Waldersée comme un meuble faisant très bonne figure dans un appartement, mais ne servant à rien.

Feld-maréchal de Waldersée.
(Cliché communiqué par la Maison Larousse.)

La mortalité est toujours très grande à Péking ; l'hôpital et les ambulances sont archicombles de malades.

28. — Le convoi de Tien-Tsin nous apporte la nouvelle suivante : le général Voyron a fait revenir à Péking les bagages du général Frey consistant surtout en caisses contenant des lingots d'or et d'argent, statues en or, soieries de grande valeur que le général avait intention de donner en présents au chef de l'Etat et aux différents musées de France. En outre, les prises de guerre qu'il voulait partager entre tous les soldats présents en Chine jusqu'au 24 août et qui faisaient

520 francs pour chacun seraient réparties entre tous les hommes présents jusqu'au 11 septembre et ne donneront plus que 280 francs par homme.

29. — Les Allemands ont un engagement avec les réguliers chinois à la Grande Muraille ; le combat dure quatre heures et coûte aux Allemands 3 morts et 8 blessés. Les Chinois se retirent du côté de la Mongolie. Les Anglais devaient appuyer le mouvement ; mais ils arrivèrent trop tard pour prendre part à l'action.

On peut se demander si ce n'est pas intentionnellement que les Anglais arrivent partout en retard ?

La Grande Muraille de Chine est ainsi nommée parce qu'avant l'annexion de la Mongolie elle formait la frontière chinoise de ce côté. J'aurai probablement l'occasion d'en parler plus tard.

Les 11ᵉ et 12ᵉ compagnies de marine de la colonne française arrivent aux tombeaux des Empereurs. Quel mystère que cette colonne ! Que faisons-nous ? Où allons-nous ? Le colonel lui-même ne le sait pas, puisque je l'ai entendu dire : « Je ne sais trop ce que l'on veut faire. » Dans toutes mes autres campagnes, je savais où nous allions ; ici rien ! Tout ce que je vois, c'est que nous contournons des montagnes, nous les cernons ; nous faisons des marches des contre-marches ; nous revenons souvent sur nos pas, on forme de nouvelles colonnes, on change de direction, mais toujours sans savoir où nous allons.

Il est probable qu'en Europe on sait mieux que nous ce qui se passe ici.

30. — Je rejoins Liou-Li-Ho. Ma pauvre compagnie est bien réduite. Le capitaine et le docteur ont une congestion de foie ; le lieutenant a la gale.

L'ordre général nous apprend que nous toucherons

la solde en vigueur dans l'armée de terre (solde journalière, 8 centimes ; indemnité de marche, 5 centimes). J'ai donc 15 centimes de moins qu'au Tonkin. Chaque fois qu'on nous lit un ordre général, c'est pour nous annoncer quelque chose de désagréable.

31. — Un convoi de 31 malades anglais est évacué sur l'arrière. Ils sont portés dans des hamacs hermétiquement fermés, à raison de 4 coolies indiens par hamac. Aucune troupe n'évacue autant de malades que le détachement anglais.

Voiture du train anglais.

Ainsi que je l'ai déjà remarqué, les Anglais et les Américains ont les moyens de transport les plus pratiques ; mais le fonctionnement de leur service de ravitaillement est très mauvais ; il faut presque un régiment pour ravitailler un autre régiment. Le soldat anglais ou américain est trop habitué au bien-être ; c'est pour cela qu'en campagne les privations le découragent et le rendent rapidement malade et qu'il cherche à se faire évacuer pour les éviter. Leurs convois de ravitaillement sont interminables et trop difficiles à surveiller ; l'on dirait qu'il faut une voiture pour chaque homme de l'avant. Je me suis maintes fois demandé comment on ferait en cas d'attaque du convoi ; il est impossible de le défendre avec un pareil système.

1er novembre. — C'est pour la première fois en Chine aujourd'hui que je vois les soldats de l'infanterie de ligne (58e régiment) ; ils sont loin d'avoir les tristes figures de ceux du 200e à Madagascar. Je trouve, au contraire, qu'ils ont bonne mine ; il est vrai qu'ils viennent seulement d'arriver et qu'ils n'ont pas souffert. Je ne peux donc pas les juger maintenant. Toutefois, ils m'inspirent plus de confiance qu'en 1895, car un grand nombre d'entre eux sont âgés de 25 à 30 ans ; on n'y voit pas de figures de jeune fille ; ils sont bien développés, c'est déjà quelque chose ! Ces hommes ont été pris dans la réserve et engagés pour la durée de la guerre ; ils ont touché une prime de 200 francs.

Actuellement le corps expéditionnaire international est en entier débarqué. Son effectif sur le territoire du Pe-Tchi-Li se décompose ainsi : 19.600 Allemands, 17.500 Français, 14.500 Anglais, 15.000 Russes, 13.000 Japonais, 1.600 Américains, 2.000 Italiens, 500 Autrichiens. Total, 98.100 hommes. Une partie des Russes et des Japonais sont repartis les premiers à Port-Arthur, les derniers au Japon. La France a laissé une réserve en Indo-Chine, l'Amérique aux Philippines, les Anglais à Hong-Kong, l'Allemagne à Kiao-Tcheou. Russes, Américains et Japonais ne participent à aucune opération au Pe-Tchi-Li.

Les Russes ont, en outre, occupé provisoirement la Mandchourie. Nous savons ce que « provisoirement » veut dire. Jusqu'à présent aucune nation n'a protesté ; mais je ne serais pas surpris de voir le petit Japonais mettre son nez dans cette affaire.

Le corps expéditionnaire français est ainsi composé : 3 régiments d'infanterie de marine (16e, 17e, 18e) a 3 bataillons ; 1 régiment de zouaves à 4 bataillons tirés des 4 régiments d'Algérie ; 1 régiment de ligne à 3 bataillons, fourni par les 40e, 58e et 61e de ligne ; 2 escadrons de chasseurs d'Afrique, des 5e et 6e régiments ; 1 escadron du train des équipages (du 15e escadron) ; 3 compagnies du génie (1 du 5e pour les chemins de fer, 1 du 6e pour les mineurs, 1 du 7e pour les pontonniers); en outre, le 1er régiment a fourni une section de télégraphistes et d'aérostiers ; 1 section d'infirmiers militaires (n° 15) ; 1 section des commis et ouvriers de l'administration ; 2 groupes de remonte des chasseurs d'Afrique ; 8 batteries d'artillerie de marine (1 venant de Quang-Cheou, 1 du Tonkin, 1 de Saïgon, 5 de France) ; 3 batteries d'artillerie de la guerre (du 20e régiment) ; 1 parc d'artillerie de la guerre à Tien-Tsin ; 1 parc d'artillerie de la marine à Péking, Yang-Tsoun, Pao-Ting-Fou ; 1 compagnie d'ouvriers d'artillerie de marine venant de Cherbourg ; 1 compagnie d'ouvriers d'artillerie de la guerre fournie par les 1er et 4e de Versailles ; 50 gendarmes à cheval et à pied de la guerre ; une quinzaine d'employés civils des postes et télégraphes assimilés aux officiers. En tout, 17.500 hommes.

3. — Le commandant Michard, de l'état-major, vient prendre le commandement du bataillon en remplacement du commandant Gaye, rapatrié.

4. — Nous voyons passer un convoi d'Allemands blessés au combat du 29 ; ils sont assez mal placés dans de mauvaises voitures chinoises à deux roues.

Je remarque, à ce sujet, qu'un grand nombre d'officiers étrangers parlent bien la langue française.

Une personne qui n'assiste pas aux opérations se ferait difficilement une idée de la rivalité qui existe entre les puissances ayant participé aux colonnes de Pao-Ting-Fou et des tombeaux impériaux. Ainsi la colonne internationale se composait il y a vingt jours de Français, d'Allemands, d'Anglais et d'Italiens sous les ordres d'un général anglais. Tout à coup chaque détachement prend une route séparée avec l'intention de dépasser les autres. Chacun d'eux tente d'arriver le premier aux tombeaux impériaux par des sentiers plus ou moins praticables, laissant ainsi le général anglais commandant la colonne seul en panne avec son détachement : ils l'ont en quelque sorte ridiculisé. Et le combat du 29 octobre à la Grande Muraille, où les Allemands ont été attaqués par les réguliers chinois, n'était qu'une manifestation de cette rivalité qui a fait verser inutilement beaucoup de sang. Et, après le combat, voilà les Allemands qui rentrent à Péking, sans s'occuper des autres détachements. C'est ce qu'on appelle « les puissances alliées en Chine ».

Mon bataillon réclame les hommes qu'il a prêtés au 2ᵉ bataillon pour former l'avant-garde de la colonne internationale de Pao-Ting-Fou. Je quitte donc la 7ᵉ compagnie pour rejoindre la 12ᵉ. A cette occasion je ne puis m'empêcher d'aller remercier notre capitaine Pijoux qui, dans des circonstances très pénibles, n'a jamais cessé de nous encourager et de s'occuper de nous jour et nuit.

Soir. — J'arrive à Chou-Cheou, poste de ravitaillement des colonnes française et allemande ; c'est une ville fortifiée, entourée d'un mur crénelé, très épais. Nous sommes reçus à la porte d'entrée par 15 têtes coupées, suspendues chacune au mur par une corde ; elles nous font de grimaces horribles.

Le convoi venant de Péking nous annonce la mort de l'adjudant Robineau, de la 2ᵉ compagnie du 17ᵉ, ainsi que le suicide d'un capitaine. Je regrette beaucoup le capitaine que j'avais connu au Dahomey, car il était pour les soldats la bonté même.

On nous annonce en même temps qu'un nouveau 16ᵉ régiment se formait à Tien-Tsin avec des éléments venus de France, et qu'un bataillon du 9ᵉ de marine est allé occuper Chang-Haï. Les nouvelles de Péking sont toujours tristes : la mortalité est assez grande dans toutes les troupes internationales.

Je vois aujourd'hui pour la première fois deux journalistes français dans la colonne. A eux seuls ils emploient trois voitures ; ils embarrassent toute la colonne, la route et les cantonnements : dans chaque expédition, c'est la même chose. Je voudrais bien savoir par suite de quelle nécessité on traîne ces gens-là derrière nous ; quels services nous rendent-ils ? Oh ! pour le pillage, ils s'y connaissent très bien ; ils pillent pire que les Chinois qui se disent catholiques, et ce n'est pas peu dire : leurs voitures sont remplies de bibelots, de choses précieuses. Si j'étais chef de la colonne, je les enverrais promener bien loin.

5. — Nous marchons sur Laï-Su-Sien. Ici, comme à Chou Cheou, des têtes coupées sont suspendues devant la porte d'entrée. Une ambulance est organisée dans la ville ; un médecin chinois y soigne les soldats européens malades. Il s'en acquitte, dit-on, fort bien.

6. — Départ pour I-Chéou, ville murée où nous arrivons vers midi ; c'est la résidence du mandarin le plus élevé de la région comprise entre Chou-Cheou et les tombeaux. J'y vois flotter les drapeaux anglais, al-

lemand, américain, italien ; le drapeau français est absent.

Nous doublons l'étape et nous arrivons vers 6 heures du soir à Si-Ling qui est à l'entrée de la ligne des tombeaux impériaux, marquée par une grande muraille entre deux montagnes. On décide alors de continuer la marche afin d'arriver à Mou-Ling.

En quittant Si-Ling, nous entrons dans une forêt de sapins où il fait noir comme dans un four ; à chaque pas on s'accroche aux branches. Enfin, tard dans la nuit, nous arrivons à destination. Me voilà dans ma compagnie primitive.

A peine suis-je couché que l'on m'annonce que nous partons au point du jour en reconnaissance dans les montagnes. Allons-y !

TROISIÈME PARTIE

7. — Nous prenons la route des montagnes en nous dirigeant vers une grotte qui a été signalée comme un refuge des Boxers. Le froid est très sensible, le ciel est couvert de nuages ; pleuvra-t-il ou neigera-t-il? Le sentier est tellement étroit qu'on a peine à marcher à la file indienne. A chaque instant on entend quelqu'un trébucher ou tomber en poussant un énergique juron ; plusieurs se blessent les mains ou les jambes ; trois fusils sont cassés.

Lorsque nous arrivons enfin à la grotte, une bande de Boxers armés de lances et de sabres se montrent subitement dans une attitude d'offensive. Le capitaine, M. Vautravers, nous fait alors déployer au débouché du sentier sur le sommet de la montagne et somme par interprète les Boxers de déposer leurs armes et de se rendre. Ils s'avancent, en effet ; deux Chinois se détachent et marchent droit vers M. Vautravers qui, étant sans méfiance, croyant sa sommation entendue et comprise, ne bouge pas. Arrivés tout près de lui, l'un d'eux lui envoie un coup de lance en pleine figure que le capitaine pare en saisissant le lascar à la gorge et en serrant à l'étouffer, tandis que de l'autre main il dégage son revolver et tire sur le deuxième Chinois qui était déjà en train de lui envoyer un coup de sabre ; mais par un hasard singulier, la cartouche rate ; le capitaine tire une seconde fois et le tue net. Pendant ce temps, il tenait toujours notre premier homme qui, voyant son camarade mort, ne doit pas avoir envie de rire. Tout cela se passait beaucoup plus vite que je puis écrire. Aussitôt les soldats Labécède, Perrin et le sergent de Martini, qui se trouvaient à quelques pas en avant de

Tombeau du premier empereur Ming.
(Cliché communiqué par la Maison Larousse.)

la ligne, se précipitent au secours du capitaine qui est maintenant entouré par d'autres Boxers et le dégagent. Il a une blessure assez forte à la joue, mais il ne pense même pas à la soigner.

La compagnie peut enfin avancer baïonnette au canon et courir après les Chinois qui, voyant apparaître subitement des soldats en armes, commencent un mouvement que je ne peux pas cependant appeler retraite, puisque nous les voyons à notre droite, à notre gauche, partout, excepté en arrière. Nous leur envoyons alors des feux de salve sur place, car il est absolument impossible de les poursuivre ; nous sommes entourés de rochers où on ne voit aucun sentier. Après avoir tiré jusqu'à ce qu'ils aient disparu, nous reprenons la même sale route vers Mou-Ling en faisant un petit détour au bas de la montagne, où nous rencontrons 18 cadavres en grande tenue du père Adam. Ce sont probablement les morts du combat du 29 octobre avec les Allemands. Je ne m'explique pas comment ils se trouvent ainsi déshabillés.

Coïncidence bizarre : il y a juste un an, j'assistais au combat de Mac-Giang à Quang-Cheou-Ouang, où l'adjudant Riser et le soldat Pister ont laissé leur vie, et j'avais failli faire comme eux. Nous pouvons nous féliciter aujourd'hui de l'heureux résultat de la rencontre, grâce au courage presque téméraire de notre capitaine.

9. — Je visite aujourd'hui les fameux tombeaux des empereurs. Ce sont des pagodes immenses, d'une architecture artistique, entourées d'un mur de 4 à 5 mètres de hauteur. Les dépouilles mortelles reposent dans des caveaux creusés au milieu de la cour et entourés d'un mur ovale en briques ou en marbre haut de 4 à 6 mètres.

Détail à noter, chaque membre de la famille impériale choisit lui-même l'emplacement de son tombeau. L'empereur actuel, qui est encore tout jeune, l'a déjà fait ; l'endroit est marqué par une énorme pierre enfoncée dans la terre.

Deux ou trois fois par an, la famille impériale vient faire ici un pèlerinage : la distance qu'elle franchit depuis Péking en chaise à porteurs est de 160 kilomètres.

Je tiens à rappeler, à propos des tombeaux, que le colonel Rondony avec les estafettes y est arrivé le premier. Les Allemands, qui voulaient s'emparer au moins de quelques groupes de tombes (les groupes sont respectivement éloignés de plusieurs kilomètres), tentèrent de dépasser le colonel ; mais son interprète connaissait un sentier conduisant droit aux groupes convoités. Le colonel arrivait donc toujours premier et plaçait aussitôt des estafettes avec défense « de laisser passer aucun militaire d'une nation étrangère ». Cependant, les Allemands réussirent à occuper le tombeau de Taï-Lung. Lorsque le colonel arriva, les soldats le menacèrent de tirer sur lui s'il les dépassait ; mais le colonel pique une charge, ses estafettes l'imitent et les Allemands ne tirent pas. Le maréchal de Waldersée fit ensuite évacuer les tombeaux des empereurs de l'Ouest, que les Français occupent seuls actuellement.

D'après le mandarin Ly-Son-Chieu, du Taï-Lung, il y a 13 groupes de tombeaux où les corps des membres défunts de la famille impériale sont ainsi répartis : Mou-Ling, 9 ; Mou-Tou-Ling, 10 ; Chan-Ling, 6 ; Chan-Si-Ling, 0 ; Taï-Ling, 10 ; Taï-Fou-Ling, 0 ; Taï-Tung-Ling, 8 ; Tuan-Ling, 0 ; Khoaï-Ling, 0 ; Cung-Tung-Ling, 2 ; A-Gra-Ling, 0 ; Cung-Chu-Ling, 0, et Chan-Fu-Ling, 2 (Ling signifie « tombeau »). La ligne des tombeaux va de Si-Ling à Taï-Tung-Ling. Chaque tombeau, ainsi que le village situé à proximité, porte le nom du premier personnage qui y est enterré. Les morts, qui étaient dans les groupes vides aujourd'hui, en ont été exhumés pour être placés dans d'autres tombeaux ; même dans ce cas, les tombeaux vides portent le nom de l'ancien premier occupant. Tous ont leur garde particulière, armée de sabres et de lances.

Quelques camarades sont nommés caporaux ou soldats de 1re classe, en récompense de l'affaire du 7, avec la mention « nommé au feu ».

Les hommes du convoi venant de Péking nous disent qu'on a reçu des pommes de terre de France pour le

Allée conduisant au tombeau de l'empereur Tsao-Ko-An.
(Communiqué par le commandant Aubé.)

corps expéditionnaire. Je ne sais qui nous les envoie ; mais c'est une délicate attention que les soldats sauront apprécier quand... ils les recevront. En attendant nous touchons toujours une demi-ration de vivres : c'est probablement pour nous empêcher d'avoir des embarras gastriques.

On parle de nous faire hiverner aux tombeaux ; la gale paraît dans la colonne ; l'adjudant est évacué pour dysenterie.

10. — Le 2ᵉ bataillon est envoyé à l'arrière. Nous

touchons aujourd'hui un pain pour 6 hommes, comme à Madagascar.

Et dire qu'il y a des bataillons à l'arrière qui ont la ration entière, et que je n'ai jamais eu l'occasion d'y être, à l'arrière, de pouvoir me remplir l'estomac à la santé de ceux qui sont à l'avant!

Un convoi de pommes de terre nous était annoncé ; nous croyions les avoir... pas du tout! Messieurs de l'arrière ont tout consommé, toujours à notre santé.

11. — Aujourdhui, 11° au-dessous de zéro. Nous sommes ici près de la frontière de Mongolie, à 18 kilomètres de la Grande Muraille ; en deux mois et demi nous avons donc traversé tout le Pé-Chi-Li depuis Takou jusqu'à la limite de la Chine proprement dite. A cause des tombeaux et du voisinage de la frontière, cette région est peu habitée, très pauvre ; les cultures y sont presque nulles. Les montagnes nous enserrent de toutes parts.

La Grande Muraille se trouve sur la chaîne devant nous, et sa longueur est interminable : l'interprète me dit qu'on a mis trente ans pour la construire et qu'elle est moins haute que celle de Péking.

Les Boxers ont adopté la couleur rouge ; ils ont généralement une ceinture rouge ; leurs pipes, blagues à tabac et divers objets sont ornés de bandelettes rouges.

12. — Mort du caporal fourrier Hennik, de la fièvre typhoïde et du manque de médicaments.

La cérémonie funèbre est faite par notre aumônier dans une pagode des tombeaux impériaux. Le même catafalque et les mêmes candélabres qui ont servi jadis pour les cérémonies des empereurs servent aujourd'hui pour le caporal fourrier Hennik!

13. — D'après les indications de notre aumônier, nous

faisons une prise de guerre évaluée à 100.000 francs (plus de 30 caisses contenant des théières, sucriers, plats, cuillers d'or et d'argent). Nous trouvons tout cela enterré dans une pagode des tombeaux de Chang-

La Grande Muraille.

Ling. Les missionnaires ne sont vraiment pas mal renseignés !

Le commandant nous fait espérer une part de prise de 200 francs pour chacun. En attendant, tout est envoyé sous escorte à Péking.

14. — Le froid augmente très sensiblement. Les hommes venant de Péking nous disent que les troupes y ont touché des bérets, capuchons, bas et chaussettes de laine, gants, peaux de mouton, passe-montagne et cache-nez envoyés par la métropole. Quand nous les aurons à notre tour, il est probable que l'hiver sera passé. Nous mériterions cependant d'être servis les premiers, car il fait plus froid ici qu'à Péking et nous sommes cantonnés dans de misérables cases ouvertes à tous les vents avec leurs fenêtres en papier, que le vent fait voler chaque jour. Pas de bois pour nous chauffer, tandis qu'à Péking ils sont dans des maisons bien closes avec des fourneaux en fer où ronfle le charbon de terre. Il y aurait de quoi être jaloux !

15. — Notre capitaine, le sergent Martini, les soldats Perrin et Labécède sont cités à l'ordre du corps expéditionnaire pour la journée du 7 novembre. Dans le même ordre, le général nous engage à nous méfier constamment des attaques imprévues des Boxers ; mais silence complet sur tout ce qui se passe en dehors de notre colonne. Où sont maintenant les 16e et 18e régiments, et les zouaves, et la ligne ? Mystère.

17. — Les réguliers chinois sont signalés vers Si-Ling ; ils ont, semble-t-il, l'intention de traverser notre ligne pour pénétrer dans le Pé-Chi-Li. Nous partons vers Si-Ling avec le commandant Fonssagrives en fouillant les montagnes sur notre route ; mais, n'ayant vu personne, nous rentrons le soir à Mou-Ling.

Le convoi de Péking nous annonce qu'un nouveau genre de typhus a éclaté dans la ville et que la mortalité provenant de cette maladie, jointe à celles qui existaient déjà, est assez grande.

18. — Enfin ! à notre tour nous touchons bérets, pèlerines et jambières de flanelle ; mais nous devons attendre quelque temps les autres effets déjà touchés par les camarades de l'arrière. Peut-être a-t-on envoyé nos mesures en France pour les mieux confectionner ? Nous les aurons ainsi en juin.

Cela me rappelle une histoire qu'un soldat russe,

qui parlait un peu le français, me racontait à Péking. « Dans une ville éloignée de Saint-Pétersbourg coulait une rivière. Une année, l'hiver fut très rude ; la couche de glace fut si épaisse qu'on ne put la casser avec des outils ordinaires. En janvier la ville adresse une requête au Ministre de la guerre afin d'obtenir des canons pour briser la glace : au mois de juillet, une batterie commandée par le capitaine arrivait avec l'ordre ministériel de tirer sur la rivière... » C'est sans doute une blague ? mais elle ressemble beaucoup à nos effets d'hiver qu'on paraît vouloir nous envoyer au printemps ; d'ailleurs, il fait si froid qu'il faut bien rire un peu pour se réchauffer.

Nous commençons à toucher un peu de pain et de vin ; cela va mieux.

19. — Je suis désigné comme estafette porte-fanion du commandant de la colonne de l'avant.

20. — J'escorte le commandant Foussagrives en arrière ; nous allons à Chou-Cheou où doit se trouver le colonel ; nous arrivons au soir à I-Cheou.

21. — Nous marchons sur Laï-Su-Sien. Chemin faisant, le commandant me rappelle plusieurs épisodes du Dahomey, notamment l'action où il fut blessé, et la remise de sa décoration à Wydah, sur un brancard.

A Laï-Su-Sien, le sous-préfet nous reçoit en grande cérémonie ; mais le commandant a tout à fait l'air de penser : « Tu ne me tromperas pas, mon vieux. »

22. — A la nuit, nous arrivons à Chou-Cheou, où nous trouvons le colonel.

Près de la ville, nous avions rencontré deux sœurs de charité françaises se rendant à Pao-Ting-Fou pour y soigner les blessés ; ce sont les premières que je vois dans la colonne. Il serait vraiment temps qu'on sache en France avec quel dévouement les sœurs accomplissent leur mission à l'étranger ou aux colonies, s'exposant souvent aux plus grands dangers, comme celles que nous rencontrions seules sur une route semée de

Le sous-préfet de Laï-Su-Sien.

périls. Je n'ai pas encore eu l'occasion d'être soigné par ces femmes admirables; mais, en les voyant se dévouer si courageusement pour tant de camarades, j'éprouve une grande sympathie et un profond respect pour elles. C'est le cas de dire en leur honneur : « Cœur et courage font l'ouvrage. »

A Chou-Cheou, comme partout ailleurs, l'on ne sait rien sur ce qui se passe en dehors de la colonne ; j'apprends cependant que le général Bailloud commande la brigade de terre et le général Bouguié celle de la marine.

On décide que la colonne hivernera entre Lou-Kou-Kiao et les tombeaux impériaux. Nous ne retournerons donc pas à Péking, comme on le croyait la semaine dernière. Le service de ravitaillement commence enfin à s'organiser solidement ; dans certains détachements l'on touche déjà la ration entière.

24. — Nous repartons pour Laï-Su-Sien ; on nous y reçoit avec le même cérémonial qu'à l'aller.

25. — Nous arrivons à I-Cheou ; nous y rencontrons les Allemands ; pour la première fois en Chine, je les vois en casque à pointe. On peut s'en étonner, et je trouve même ridicule de se coiffer ainsi lorsque le thermomètre est à 14° au-dessous du zéro. Vivent, au contraire, nos bérets et nos capuchons !

Je fais remarquer au commandant que dans la région qu'il commande les Français paraissent mieux accueillis que les Allemands. Les Chinois disent à l'interprète que les *Fagoa* sont moins méchants que les *Togoa*. En présence des Allemands, ils doivent probablement dire le contraire. N'ai-je pas vu à I-Cheou, lors du passage d'un détachement de chez nous, le sous-préfet faire hisser le drapeau français, et le soir, comme arrivait un détachement allemand, le même sous-préfet faire disparaître notre drapeau et le remplacer par un beau pavillon allemand ! En outre, j'ai trouvé à Taï-Ling, qui est dans notre zone de protection, soigneusement cachés sous le lit du fils d'un mandarin, des drapeaux de toutes les nations représentées en Chine ; chaque drapeau était enveloppé dans du papier, avec une inscription chinoise.

Depuis que je connais le Chinois, je n'ai jamais cru à sa parole : je sais qu'il tient la ruse, le mensonge en grand honneur ; mais ce caractère général n'empêche pas le commandant d'accomplir dans la région une œuvre salutaire et d'humanité, en protégeant les habitants contre le pillage des soldats d'autres nations et en les défendant contre les Boxers que les Chinois d'ici craignent plus que les étrangers, en faisant afficher des proclamations de paix dans tous les villages, en s'efforçant par tous les moyens d'attirer à nous la population au lieu de la terrifier. Le commandant a d'ailleurs été bien secondé par les officiers de son bataillon.

Notre chef se soucie constamment de notre bien-être,

Une pagode.
(Communiqué par l'adjudant Vacelet.)

s'occupe de tous les détails concernant la santé des hommes, malgré sa mission difficile qui ne doit guère lui en laisser le loisir. C'est grâce à lui que le bataillon a conservé les effectifs les plus forts du régiment malgré les fatigues, les privations subies et la période de misère traversée. Je ne crois pas exagérer en disant que maints pères de famille lui doivent des remerciements d'avoir ainsi veillé sur la vie de leurs enfants.

26. — Nous rentrons à Mou-Ling. On hiverne ici.

28. — Mort du soldat Pignard (fièvre typhoïde).

29. — Nous trouvons 50 caisses d'obus cachées dans une pagode ; elles sont jetées dans un puits.

Ce que les Chinois ont fait comme travail artistique aux tombeaux impériaux est inimaginable. Des colonnes en marbre en forme d'obélisque, des éléphants, des léopards, des chevaux, des statues représentant les empereurs jaillissent du sol ; tout cela est d'une facture si compliquée, mais si près de la réalité, que de loin le spectacle est magnifique. On dirait que les statues des hommes et des animaux sont vivantes.

30. — La 9e compagnie a capturé une bande de Boxers qu'elle envoie ici pour être jugés.

Eh bien, non ! l'on n'a pas attendu jusqu'au printemps pour nous envoyer nos effets d'hiver ; nous avons touché aujourd'hui jerseys, bas et chaussettes, gants et peaux de mouton. Ils sont les bienvenus, car il fait un tel froid qu'on ne savait où se mettre. Mais qu'avons-nous fait aux Dames de France, qui semblent nous oublier complètement ? Quel service immense nous rendraient-elles si elles nous envoyaient du papier à lettre, des plumes, du tabac et aussi du savon pour laver notre linge ? En France, bien des parents, ne recevant pas de nouvelles de leurs enfants, s'imaginent qu'ils sont sans cœur ou négligents ; si l'on n'écrit pas, c'est que nous n'avons pas ce qu'il faut et que nous ne pouvons nous en procurer ici.

1er décembre. — Nous partons (lieutenant Javouhey et 8 cavaliers) pour la Grande Muraille. Après deux

Une brèche dans la Grande Muraille.
(Communiqué par l'adjudant Vacelet.)

heures de chemin nous voyons une bande d'environ 30 Boxers qui débouche d'un tournant de la montagne et s'avance droit sur nous, les lances hautes. Nous mettons rapidement pied à terre, laissant les chevaux sous la surveillance d'un homme en arrière, et nous rangeons en ligne de bataille, l'arme approvisionnée,

Porte de la Grande Muraille.
(Communiqué par le commandant Aubé.)

baïonnette au canon. Pendant ce temps la bande oblique vers la montagne, sans doute pour nous prendre en flanc ; mais le lieutenant décide alors d'avancer. Nous remontons à cheval et, l'arme prête à faire feu, nous allons au pas ; la bande n'est plus visible : elle s'est sauvée ou cachée. La route est ici tellement mauvaise qu'il faut renoncer à la dépister ou à la poursuivre ;

aussi continuons-nous notre route au trot, protégés par un cavalier en avant et sur chaque flanc et deux en arrière. On arrive sans incident à la Muraille où rien n'est changé, sinon que les cadavres vus l'autre jour ont été enlevés. J'imagine que le combat qui s'est livré ici, le 29 octobre, entre Allemands et Chinois, a dû être très vif : les uns ni les autres ne pouvaient se déployer. Il est, en effet, littéralement impossible de marcher ailleurs que sur le sentier : à droite, il n'y a que des rochers ; à gauche, on domine la vallée comme du haut d'un mur, ce qui me fait supposer que les deux partis tiraient confusément. Nous trouvons, en effet, à la porte d'entrée du fort tout un tas de chargeurs vides, et j'en conclus que les Chinois tiraient massés et qu'ils avaient des fusils à tir rapide. Je vois aussi des endroits où le sang a formé des flaques congelées, et des tresses chinoises coupées. Tout cela représente un spectacle vraiment lugubre.

Le lieutenant photographie le paysage et nous commençons aussitôt à descendre la montagne, ce qui est plus difficile que de monter ; il faut marcher avec d'extrêmes précautions si l'on ne veut pas se casser le cou. Combien d'Européens sont passés ici avant nous ? L'aumônier nous disait dernièrement qu'il n'en connaissait pas ayant pu aller jusqu'aux tombeaux de l'Ouest.

Cette partie de la Grande Muraille me semble absolument imprenable. Les Chinois doivent être tout à fait découragés, démoralisés pour y laisser arriver des Européens. Comme la nuit tombait, nous sommes revenus aux tombeaux sans avoir été inquiétés en route.

2. — Par suite de notre rencontre avec la bande d'hier, deux compagnies partent en reconnaissance.

3. — Une cour martiale est réunie aujourd'hui pour juger les prisonniers faits par la 9ᵉ compagnie le 30 no-

vembre : deux sont condamnés à mort et sont immédiatement fusillés ; les autres sont relâchés.

4. — Nous partons (11e et 12e compagnies) en reconnaissance à l'ouest de la Grande Muraille. Le commandant nous dit que jamais un Européen n'est passé par là. Tous les habitants s'enfuient à notre approche en emportant leurs biens sur des mulets.

Le capitaine Morel, le sergent Zara et moi poursuivons à cheval un troupeau de bœufs et de chèvres que nous voyons au loin trotter sur une montagne. Nous piquons une charge, mais nos chevaux s'arrêtent bientôt essoufflés ; nous les laissons là, sans garde, et nous courons à pied, sans pouvoir gagner du terrain. Le capitaine m'ordonne alors de tirer un coup de fusil en l'air et, ô surprise ! à la détonation, tous les fuyards s'arrêtent comme pétrifiés. Un spectacle peu banal s'offre à ce moment à nos yeux : des femmes, dont plusieurs admirablement belles, se cachent la figure entre leur mains et je ne puis m'empêcher d'en embrasser une qui, par peur, probablement, ne fait aucune résistance ; les hommes entourent leur troupeau. La plupart des femmes sont entièrement habillées de soie, ce qui fait encore ressortir leur beauté. Beaucoup ont des pieds si petits qu'on les prendrait pour des pieds de poupées. Je me demande comment elles peuvent ainsi courir dans les montagnes ?

Voyant qu'on ne leur fait pas de mal, elles lèvent les visages vers nous, dans une position qui les fait ressembler beaucoup à la Sainte Vierge et je leur dis : « Pou so, fagoa hao ; n'ayez pas peur, les Français ne sont pas méchants. » Mais le capitaine nous défend de lier conversation et de toucher à autre chose qu'au bétail qui nous est absolument indispensable.

Ah ! si les Russes étaient à notre place, ils emporteraient des richesses d'ici et les femmes avec, car les fuyards ont presque tous leur fortune dans des sacs ou des caisses chargés sur les mulets. Mais les Français,

Brûle-parfum des tombes impériales.

je l'ai remarqué assez souvent, n'ont pas l'instinct du pillage ; ils ne prennent que ce qui leur est indispensable pour vivre. Il est vrai que les Chinois n'en sont pas plus reconnaissants ; mais, au moins, nous n'aurons pas à nous reprocher plus tard d'avoir systématiquement pillé, tandis que diverses puissances organisaient le pillage en règle.

Nous emmenons 125 chèvres, 80 bœufs et 5 moutons ; je prends, en plus, un cheval dont j'ai grand besoin, et nous revenons à l'endroit où nous avons laissé nos chevaux, d'où nous partons pour le village le plus proche, afin d'y passer la nuit. Nous faisons maintenant, le capitaine aussi, le métier de berger à cheval, avec de grands bâtons à la main. Quel dommage qu'aucun d'entre nous n'ait un appareil pour nous photographier ! Nous attendons la colonne au village où l'on ne trouve plus un seul habitant.

5. — Nous suivons la route pendant 9 kilomètres, toujours en montant. Ayant atteint le but de notre reconnaissance, nous rentrons au village où nous avions laissé le convoi et nous y passons la nuit.

6. — Nous reprenons le chemin des tombeaux où nous arrivons à la nuit. Quelques bandes de Boxers cherchent à nous inquiéter. Elles sont fractionnées en petits groupes ayant chacun son drapeau et se tiennent sur les montagnes d'où elles ne descendent pas. Pourquoi ?

7. — La neige tombe aujourd'hui pour la première fois ; le thermomètre marque 15° au-dessous de zéro.

8. — Exécution à I-Chéou de quatre Chinois condamnés à mort par le préfet pour assassinat et vol. Le préfet envoie des cartes d'invitation pour cette cérémonie que j'ai trouvée très intéressante. Quelques journalistes européens y assistaient.

Avant l'exécution, les condamnés sont promenés dans la ville, précédés du préfet et d'autres fonctionnaires, tout de rouge habillés. Chaque condamné porte sur son dos un écriteau faisant connaître son crime. A la porte de la ville le convoi s'arrête et le prévôt d'armes, vêtu de noir, donne le signal de l'exécution. Le préfet, debout, signe la condamnation et jette le pinceau à la tête de chaque condamné. Le bourreau se met alors en position, levant le sabre avec les deux mains horizontalement au-dessus de la tête ; un aide fait mettre les condamnés à genou, sur la même ligne, séparés par un intervalle de quelques pas, les mains attachées derrière le dos. Le sabre tombe aussitôt sur le cou du premier, et justice est faite ; les autres regardent sans sourciller, attendant leur tour. Quand tout est terminé, les mandarins quittent sur place leurs habits rouges et s'éloignent en laissant les cadavres à la disposition des parents et amis. Quelques spectateurs ne se gênent pas pour déshabiller les décapités et s'emparer de leurs vêtements sans que personne proteste.

Aujourd'hui, 17° au-dessous de zéro.

9. — Je pars à Laï-Su-Sien pour y chercher le courrier de Péking. Six nouvelles têtes de Boxers sont exposées à l'entrée de la ville.

10. — Je rentre aux tombeaux, portant le courrier. Voilà trois mois et demi que nous sommes sans savon.

11. — On essaie de nous relier à Péking par la télégraphie optique.

C'est incroyable ! la compagnie a déjà 5.000 francs de boni, puisque nous versons tous les jours 23 centimes à l'ordinaire et l'indemnité de cherté de vivres ; mais on ne peut rien acheter ici. Qui profitera de ce boni ? Assurément pas les hommes qui l'ont réalisé.

En campagne, le soldat est toujours désavantagé par rapport à son camarade qui est resté en garnison. Il est dans un état complet d'infériorité en tout et pour tout. Ainsi, les vivres qui lui sont dus, et qu'il ne touche pas, ne lui sont jamais remboursés ; il ne profite pas de l'argent qu'il verse à l'ordinaire, car les compagnies ne peuvent rien acheter pendant cette période.

Le linge et les chaussures enfermés dans son ballot laissé à l'arrière sont toujours perdus; il doit les rembourser sur sa masse. Il perd aussi des campagnes : un homme qui marche en colonne pendant un certain temps dans un pays malsain où il a vécu dans la misère, couché sans abri dans l'humidité, devient vite anémié. Dès que la colonne est terminée, il doit rentrer en France et il n'a fait qu'une campagne. Au contraire, celui qui est en garnison (je ne parle que des colonies) peut naturellement terminer avec plus de chances son séjour colonial. Quand deux vieux soldats, l'un ayant fait des garnisons ou des postes aux colonies, l'autre ayant fait souvent des colonnes, sont ensemble proposés pour la médaille militaire, le premier est avantagé parce qu'il réunira plus d'annuités de campagnes. Dans l'armée coloniale, on ne tient pas compte de leur nature ; on déclare plus méritant celui qui est resté plus longtemps aux colonies, sans se préoccuper s'il a été dans de bonnes ou mauvaises régions, s'il a participé ou non à des colonnes ou à des expéditions.

Mais cela ne m'empêchera pas d'être toujours volontaire pour marcher, quoique je sache ce qui m'attend.

13. — Un frère de l'Empereur, qui réside actuellement à Si-Lung, vient faire une visite au commandant Fonssagrives. Il traîne une suite d'au moins 75 personnes.

16. — Je suis désigné pour Chan-Ling, à 4 kilomètres d'ici.

Enfin, nous avons quelques nouvelles des troupes internationales. Les Russes occupent la Mandchourie : pourquoi les Russes plutôt que les autres ? Les Américains et les Japonais ont en grande partie quitté le Pe-Chi-Li ; les Italiens sont à Péking. Les Allemands hivernent entre Takou et Chou-Cheou; parfois ils font de petites colonnes pour leur compte. Les Anglais sont presque tous à Tien-Tsin. Nos zouaves et le régiment de la Guerre sont à Pao-Ting-Fou et à Péking, le 16ᵉ de marine à Takou, le 18ᵉ à Péking : le général Voyron a son quartier général à Tien-Tsin ; le général Bouguié à Péking, et le général Bailloud à Pao-Ting-Fou. La flotte internationale est en rade de Takou sans pouvoir bouger : elle est gelée. Les convois de Takou à Péking se font sur des traîneaux à glace qui remontent le Peï-Ho.

17. — Un caporal de la 11ᵉ compagnie est blessé d'un coup de fusil tiré par un Chinois près de Laï-Su-Sien.

Nous commençons à être mieux pourvus de vivres ; pas comme les troupes de l'arrière, non ! mais en campagne, surtout en première ligne, on ne peut vraiment pas demander mieux. Je me doutais bien qu'à l'arrivée du corps expéditionnaire commandé par le général Voyron, bien des choses seraient transformées à notre avantage. Et, en effet, le général ne nous oublie pas.

Ici nous ne l'avons jamais vu, mais nous sentons sa présence. Il est aux petits soins pour les hommes, comme partout ailleurs, et se consacre corps et âme aux soldats qui lui ont été confiés. Ce qui me plaît surtout en lui, c'est qu'il n'oublie pas ceux qui sont loin de lui. D'ailleurs, en vrai colonial, il a confiance en ses hommes et ses hommes, dont il est adoré, le lui rendent bien. Xénophon disait : « On ne peut faire des soldats ce que l'on veut s'ils ne sont d'avance amis de leur chef. Le moyen d'en être aimé, c'est de se montrer leur ami, soigneux de leurs intérêts, attentif à leurs besoins, à leur santé, à leur sûreté. » Certes, si Xénophon vivait, le général Voyron serait son ami.

Je me plais, en outre, à constater que le commandant Fonssagrives, le capitaine Vautravers et les autres officiers sont pour nous d'un dévouement vraiment admirable. Malheureusement il y a ici comme partout des hommes qui ne les comprennent pas. Il y a, du reste, en campagne comme en garnison, des soldats qu'on ne contentera jamais.

18. — Nous voilà en plein hivernage. Le thermomètre varie entre 17 et 21° au-dessous de zéro. Le missionnaire qui remplit les fonctions d'aumônier, et qui réside au Pe-Chi-Li depuis vingt ans, nous dit qu'il faut nous attendre à voir 25° de froid ; mais, sans doute à cause de cette température, l'état de santé général semble s'améliorer.

Notre rôle ici est de garder les tombeaux des empereurs (sans nous les morts pourraient se sauver), et

Tombeau de Si-Ling.

surtout d'empêcher les réguliers chinois de traverser notre ligne. Quant aux Boxers, je ne crois pas qu'en cette saison ils viendront nous attaquer ; nous sommes d'ailleurs sur nos gardes.

20. — Le sous-lieutenant Contal est tué dans un engagement près de Peï-Kiang.

Je vais interrompre pour un moment l'inscription de mes notes quotidiennes dans mon carnet de souvenirs, jusqu'à ce que les événements me donnent l'occasion de continuer. Mais, comme voilà depuis Quang-Cheou-Ouan plus de deux ans que je vis en Chine, je tiens à me rappeler les mœurs et coutumes de ce pays qui n'ont rien de commun avec celles de l'Afrique ou de l'Occident.

Mœurs chinoises.

Les mœurs du Nord diffèrent beaucoup de celles du Sud. Ainsi, par exemple, ici, le Chinois désignant sa personne, son « moi », se touche le bout du nez avec l'index. Pour montrer son respect envers un supérieur ou pour entrer dans un lieu public, il déroule sa tresse et la laisse tomber naturellement. S'il veut dire : « Tu es bon », il lève le pouce verticalement en fermant les autres doigts; pour exprimer : « Tu es méchant », il lève l'auriculaire en fermant les autres doigts. Pour saluer en marchant, il fléchit légèrement les genoux en laissant tomber les bras ; pour le salut cérémonieux, il joint les deux mains comme dans une prière catholique, les porte en avant, les relève ensuite à hauteur du menton et cela plusieurs fois.

La couleur du deuil est blanche, comme dans tout l'Extrême-Orient ; en outre, dans ce cas, le Chinois porte dans sa tresse un ruban blanc avec des franges de même couleur.

Le métier le plus méprisable est celui du soldat, qui est considéré comme un déclassé.

Rarement le Chinois s'emporte, car il est très flegmatique ; il accompagne presque toujours ses paroles d'un sourire ; aussi faut-il se méfier de son sourire.

Le Chinois du Nord est moins courageux que celui du Sud ; mais il est plus commerçant.

Le Chinois du Nord est très jaloux de sa femme, aussi jaloux que l'Arabe ; jamais il ne la montre aux étrangers, pas plus que toute personne féminine de sa famille. Ainsi, j'ai demandé plusieurs fois au fils du mandarin de Taï-Ling de me présenter sa sœur, que je voulais simplement saluer ; mais il m'a fait comprendre que c'était impossible et m'a prié de ne pas insister. J'étais pourtant très bien avec lui, en ma qualité de chef de patrouille permanente et il m'avait donné la photographie de sa sœur. J'ai eu d'autres exemples de cette jalousie et de cette réserve.

Le Chinois du Nord est plus intelligent que celui du Sud et il a une mémoire souvent extraordinaire. Il est bon cultivateur et ses champs sont admirablement entretenus ; il est commerçant comme un juif, très peu cavalier, soldat médiocre ; il aime la propreté.

Il est très rusé, flatteur, menteur et sait s'humilier au besoin ; il sait cacher sa pensée mieux qu'un diplomate européen.

La femme chinoise ne fait pas de travaux pénibles : elle soigne sa personne et se maquille comme une actrice en scène. Il y en a qui sont très jolies, celles du Nord en général plus que celles du Sud. Elle soigne ses pieds et les rend si petits qu'elle peut à peine marcher ; pour cela, les femmes rivalisent entre elles en serrant leurs pieds dans des chiffons. L'édit impérial paru en 1898, défendant cette opération, que les Européens appellent *footbinding*, n'est pas obéi.

La femme chinoise porte les pantalons comme la femme annamite, mais d'une manière plus coquette ; elle a aussi une sorte de pardessus descendant presque jusqu'au sol. Elle est paresseuse, mais propre; cependant les enfants sont assez négligés. Elle est très sensible et peureuse. En contradiction avec ce que j'avais entendu dire, la femme chinoise prouve parfaitement son inclination pour un homme en l'embrassant sur les lèvres ; de même elle se suspend à son cou en lui faisant un collier de ses bras, comme en Europe. Je ne crois pas qu'il y ait en Chine une femme par homme.

Pour reconnaître le degré de noblesse, il n'y a qu'à regarder le toit des maisons : plus il y a de têtes de chiens, chevaux, dragons ou lions, plus le propriétaire est élevé dans la hiérarchie nobiliaire. Ceux qui ne sont pas nobles n'ont pas d'ornement sur leurs toits.

La mode en Chine est toujours la même ; toutefois, les femmes changent parfois la façon de porter le chignon et c'est toujours la cour impériale qui donne le signal, de même que pour les fleurs artificielles dont les femmes font une grande consommation dans les cheveux.

Le Chinois est très poli ; jamais il ne tutoiera un homme plus âgé que lui, fût-il son domestique. Quand un étranger entre dans sa maison, il lui offre du thé comme on donne une chaise en Europe, et se trouve froissé si le visiteur n'en goûte pas. S'il invite quelqu'un, il sera aux petits soins pour lui, mettra toute sa maison, sa domesticité, à la disposition de son hôte ; lui fera tout visiter, sauf l'appartement des femmes.

Il semble être patriote, puisque les sociétés secrètes sont très nombreuses et que leur but est la protection de la Chine contre l'invasion étrangère ; mais il est patriote à sa façon : lui d'abord, sa patrie après. S'il y a du danger, il cherche avant tout à « sauver les meubles ».

25. — Noël ! Me voilà de patrouille pour toute la journée. Il est écrit que je ne serai jamais libre le

jour de Noël. L'année dernière, j'ai passé la nuit en faction sur le toit d'une pagode à Quang-Cheou-Ouan. Depuis 1891, j'ai toujours été soit de service, soit en campagne le jour de Noël.

1901

1ᵉʳ janvier. — Puisse cette année nous être plus favorable que 1900, au point de vue sanitaire et du bien-être ! C'est avec mon désir de voir récompenser notre commandant, notre capitaine, le capitaine adjudant-major et plusieurs autres, l'expression d'un souhait bien sincère.

A l'occasion du 1ᵉʳ janvier, le capitaine invite à déjeuner l'adjudant, le sergent-major, le sergent fourrier et les gradés et soldats les plus anciens dans chaque grade.

2. — Nous touchons une peau de mouton, un passe-montagne et un cache-nez. C'est un peu tard, mais il vaut mieux tard que jamais. Le froid devient de plus en plus vif.

Le courrier de Péking nous apprend que le prince Tuan, le principal chef des Boxers, celui qui dirigea l'attaque des légations et du Pé-Tang et fut condamné à mort par contumace, est gracié et dégradé de toutes ses dignités — en réalité il ne sera ni dégradé, ni blâmé — et que le célèbre comédien Li-Hung-Chang est nommé par l'impératrice président de la commission chinoise pour la paix. Mais pendant les négociations on signale d'un peu partout des engagements entre les troupes européennes et les Boxers ; enfin, les réguliers chinois du Chan-Si tentent sans y réussir de traverser nos lignes. La famille impériale est à Sin-Ngan-Fou, à plus de 1.000 kilomètres de Péking, et quoique la commission internationale de la paix ait formellement exigé son retour, elle persiste à ne pas vouloir quitter cette ville. Tout cela semble bien louche et en quelque

Li-Hung-Chang.
(Communiqué par la maison Larousse.)

sorte drolatique, car il est visible que les Chinois, constatant le désaccord entre les puissances européennes, se moquent littéralement de nous.

Et d'où vient ce désaccord? De la presse d'Occident qui blâme, dit-on, les exigences de nos commissaires. Puisse la commission ne pas se laisser influencer par des journalistes qui se disent humains en Europe, dans des chambres élégamment meublées, bien chauffées et qui, peut-être, n'ayant jamais subi de privations, ne comprennent pas que des milliers de soldats européens souffrent ici de la faim et mènent une vie de misère.

Si l'on veut empêcher le retour d'une pareille période, il faut que la commission internationale se montre sévère et ne se laisse pas influencer par des sentiments ridicules exprimés en Europe. Elle comprend des hommes dont la plupart savent bien que les Chinois se moqueront de n'importe quel traité. Au fond de Sin-Ngan-Fou, la cour doit bien rire de notre crédulité quand elle annonce qu'elle destitue ses fonctionnaires ou qu'elle les met en disponibilité. C'est une véritable comédie, bien jouée; mais qui, malgré les expériences passées, semble encore avoir du succès.

Ce sont sans doute les sourires aimables de quelques Chinois à Londres, Vienne, Paris ou Berlin qui ont inspiré les journalistes et séduit les diplomates; mais méfions-nous du sourire du Chinois !

A Quang-Chéou-Ouan, quand nous sommes revenus du combat de Von-Lioc, le 17 novembre 1899, nous avons traversé Che-Kam, en déployant une vingtaine de drapeaux chinois que nous avions pris. Les habitants de la ville nous faisaient des courbettes et riaient joyeusement, la bouche grande ouverte, laissant voir leurs dents jaunes de tigres. Deux jours avant, les mêmes habitants nous fermaient au nez les portes de la ville, où nous voulions passer pour prendre de flanc l'ennemi. C'est dans cette ville que le domestique du commandant Ronget venait d'être tué parce qu'il servait chez un Français, et que son cœur avait été enlevé et mangé : les assassins s'en étaient vantés dans une lettre de menaces adressée au R. P. Ferrand; dans cette ville, enfin, on avait affiché des proclamations où l'on mettait à prix les têtes de plusieurs de nos officiers. Mais lorsque l'on nous a vus vainqueurs, on nous a fait aussitôt bonne figure.

Voilà les Chinois ! Ce sont ces gens-là que l'on est

disposé à croire sur parole et à traiter généreusement. Puissions-nous ne pas le regretter plus tard !

3. — La neige tombe depuis vingt-quatre heures. La prophétie de notre aumônier s'est accomplie, car aujourd'hui le thermomètre descend à 25° au-dessous de zéro. Les anciens soldats, habitués aux pays chauds, semblent souffrir plus que les autres. L'aumônier nous dit cependant que le thermomètre à Péking ne descend pas à plus de 18°.

6. — Dans son ordre général, le général en chef cite ou félicite officiellement les militaires et civils suivants :

Général Bailloud, colonels Gillot et Lalubin, lieutenants-colonels Drude et Rondony, commandant Fonssagrives ; capitaines Vautravers, Aubé ; sous-lieutenant Davout d'Auerstaëdt, plusieurs sous-officiers et soldats. Quelques officiers sont proposés pour la croix, quelques sous-officiers et soldats pour la médaille militaire, avec la mention : « Demande immédiate. » Mais le sergent-major est obligé de nous demander « qu'avez-vous à rire », quand il nous lit le passage relatif à la citation d'un M. X..., directeur du chemin de fer, et d'un M. Y..., journaliste, cités à l'ordre pour avoir accompagné la colonne. C'est bon d'être civil, directeur de quelque chose et surtout journaliste !

Mais les citations du lieutenant-colonel Drude, mon ancien capitaine au Dahomey ; du commandant Fonssagrives ; du capitaine Aubé, qui fut mon lieutenant au Tonkin et que j'avais connu au Dahomey et à Madagascar, me font un vrai plaisir ; j'en suis très agréablement touché. Oui, j'en suis fier comme si la citation était pour moi.

7. — 1.300 cavaliers chinois armés de mausers sont signalés comme voulant franchir notre ligne ; nous prenons donc position sur les montagnes jusqu'à Si-

Ling en nous relevant par compagnies; mais, ne voyant personne, nous rentrons le soir à Mou-Ling.

9. — Nous apprenons aujourd'hui que la cavalerie chinoise était prévenue de nos mouvements et qu'elle a rebroussé chemin.

Ordre est donné aux hommes de se noircir les sourcils et les paupières avec du charbon pour éviter les ophtalmies.

10. — Le froid devient insupportable. Nous avions construit de petites cheminées dans nos misérables cases; mais il nous manque le principal..., le bois. Nos logements sont pleins de fumée et noirs comme du charbon. Tous les jours, nous collons du papier aux fenêtres en guise de carreaux; mais le vent l'enlève continuellement. Nous sommes presque en plein air, les portes sont cassées et il est impossible de les réparer. Tout gèle dans nos appartements, l'eau, l'encre, le pain; les œufs crus deviennent durs pendant la nuit. Le matin, nous ne pouvons mettre nos chaussures, qui sont dures comme du bois. En un mot, c'est un hiver comme je ne me rappelle pas d'en avoir vu dans mon existence. Nos gants et nos chaussettes se déchirent après les avoir portés quelques fois et sont irréparables; des cas de congélation se présentent journellement. Oui, cette fois, nous sommes vraiment à plaindre.

Nous savons maintenant où passent les envois des Dames de France. Tout est envoyé dans les hôpitaux.

Je me demande, à cette occasion, si les soldats réellement malades cherchent à l'hôpital autre chose que des médicaments? Et cependant on leur donne toutes les douceurs expédiées de France; mais ceux qui sont en première ligne en campagne, qui ne peuvent absolument rien acheter, même les choses les plus indispensables, ne méritent-ils pas quelques attentions de ces Dames? Elles n'ont qu'à se renseigner auprès des officiers compétents ; elles apprendront à leur étonnement peut-être qu'une bonne partie des malades en campagne ne sont que des « tireurs au renard ». Les uns rentrent à l'hôpital pour avoir eu un petit accès de fièvre, les autres parce qu'ils ont été dérangés pendant une journée, beaucoup sous l'éternel prétexte de fatigues ; mais, en réalité, c'est pour éviter fatigues et privations. Si tout le monde en faisait autant? Je n'ose y penser.

Je sais que le bon soldat en campagne n'aime pas à se faire porter malade pour ces futilités : il sait se soigner lui-même. C'est donc une majorité des mauvais soldats qui profitent des dons des Dames de France et qui n'en ont pas besoin, car l'hôpital se trouve généralement dans un grand centre, où l'on peut acheter ce que l'on veut, tandis que nous sommes dans l'impossibilité de nous procurer quoi que ce soit. Ainsi, je donnerais bien un mois de ma haute paye pour avoir un morceau de savon ; d'autres donneraient certainement encore davantage pour avoir du tabac. Nous sommes vraiment dans une situation peu enviable.

13. — L'on nous communique aujourd'hui la dépêche suivante du Président de la République au corps expéditionnaire : « Je suis très sensible aux souhaits du corps expéditionnaire et je désire ardemment qu'il ne soit pas trop éprouvé par les rigueurs de l'hiver. » Hélas ! voilà des souhaits qui ne seront pas exaucés.

Le général en chef demande aux militaires compétents de tous grades de donner leur avis sur tout ce qu'ils ont pu remarquer d'intéressant dans les troupes des autres nations et d'indiquer les moyens susceptibles d'alléger ou de modifier le service en campagne. Le commandant me demande mon appréciation, que je lui remets par écrit.

16. — Je suis proposé pour caporal et pour la médaille militaire. Je suis bien plus heureux de la proposition pour la médaille que pour le grade.

Malgré les précautions prescrites par le chef de bataillon, les cas de congélation sont fréquents; la faute en est surtout à l'absence de chaussures : près

Les cantonnements du 3ᵉ bataillon à Si-Ling.

de la moitié du bataillon en est dépourvue. Nous sommes chaussés de savates chinoises que le commandant a pu se procurer ici même sur la masse individuelle. Il a demandé à Péking, d'urgence, des chaussures pour nous, mais on n'en envoie pas; nous en avons bien laissé à Takou, dans nos ballots d'effets, mais ils sont complètement dévalisés. Oui, dévalisés par nos propres camarades sans conscience : ce sont ceux qui sortent de l'hôpital pour être envoyés soit au Japon, soit en France qui, voyant à Takou nos ballots déposés dans un magasin où la surveillance constante est difficile, les ouvrent sans vergogne et en retirent ce qui leur plaît. A mes yeux, c'est un vol. Et, quand nos ballots arrivent dans nos cantonnements, ils sont presque vides. Les malles elles-mêmes des officiers ne sont pas épargnées. Et nous voilà presque pieds nus en plein hiver.

Il y a bien un magasin d'habillement à Péking; mais il sert surtout aux soldats qui, pour des futilités, quittent la colonne afin d'entrer à l'hôpital où ils seront à l'abri du froid et des privations. Et nous? on a beau récriminer, il en sera toujours ainsi, car dans toutes mes campages j'ai toujours vu ces faits se produire.

Mais il faut les voir, ces soldats de parade, en France ou aux colonies dans une bonne garnison! Il faut les entendre raconter leurs campagnes, critiquer leurs chefs et regarder comme des êtres inférieurs leurs camarades qui n'ont pas su être débrouillards comme eux. Heureusement que nos officiers les connaissent bien!

25. — Le commandant reçoit une lettre de Li-Hung-Chang, par l'intermédiaire d'un neveu demeurant actuellement à Si-Ling; il nous annonce qu'il est président de la commission de la paix et que les négociations sont en bonne voie. Le commandant répond néanmoins que nous sommes toujours, jusqu'à ce qu'arrive une notification officielle, en état de guerre.

Il nous invite à nous méfier des Chinois maintenant plus que jamais; mais il nous défend, sous peine de punitions sévères, de les molester.

1er février. — Aujourd'hui, l'ordre général énumère des citations et félicitations, ainsi que des propositions de croix et de médailles militaires pour faits de guerre et blessures graves à propos des dernières opérations qui ont eu lieu dans diverses régions.

Il est à remarquer que ces opérations se passent dans

les entr'actes de la signature de la paix qui, je crois, ne sera pas conclue de longtemps, quoiqu'elle soit annoncée aux Chinois par de formidables affiches. Mais je remarque aussi que, depuis l'apparition de ces proclamations de paix, les Chinois ont tellement augmenté le prix de leurs marchandises qu'il en résulte entre les soldats et les marchands des discussions et parfois des batailles. Si l'on n'y met pas un frein, l'on empêchera difficilement les soldats de faire des bêtises, car ils voient que la haine seule fait agir les Chinois, qui mettent les choses indispensables à des prix inabordables.

5. — Nous faisons une sortie jusqu'à la Grotte, où eut lieu l'engagement du 7 novembre. Quelle marche, mon Dieu! Il faut s'accrocher pour grimper, mais c'est pis encore pour descendre. Peu d'entre nous reviennent sans écorchures ou blessures quelconques. En outre, nos savates chinoises prennent la neige et nous rendent la marche très pénible. Plusieurs camarades ont les orteils gelés.

7. — Passage des Allemands aux tombeaux impériaux. Les Chinois, en les voyant, ont une telle peur qu'ils empaquètent tout dans des sacs, prêts à fuir, et ne respirent que lorsqu'ils les voient s'éloigner.

Oui, pour la centième fois peut-être je le vois, la terreur seule peut inspirer le respect aux Chinois. Partout où les Allemands passaient, en Chine, ils bombardaient, brûlaient et tuaient tout sur leur passage. Les Russes en ont fait autant, et j'ai vu maintes fois des soldats russes ou allemands donner aux marchands le quart du prix demandé. Le Chinois se gardait bien de protester, car il savait ce qui l'attendait. J'en ai même vu qui prenaient simplement sans payer les objets à leur convenance. Si un Français en avait fait autant, le bonhomme aurait couru chez un chef pour réclamer ; mais il laissait faire les autres avec toujours son fameux sourire aux lèvres mi-closes.

Je ne veux pas dire que les soldats ont raison d'agir ainsi. Oh non! et c'est même honteux pour des hommes de pays civilisés; mais voilà comment ils sont, ces gens de race jaune : la reconnaissance est chez eux chose inconnue ; seules la sévérité, la terreur peuvent les maintenir. La bonté les rend audacieux, parfois insolents.

D'après les lettres que les camarades reçoivent de France, plusieurs journalistes nous représentent comme une armée de mercenaires. D'après eux, nous commettrions d'innombrables forfaits, tels que pillage, exécutions, assassinats. Tout le mal que je leur souhaite, à ces gens-là, pour leurs mensonges honteux, c'est d'être à notre place en ce moment, au lieu de se trouver l'estomac bien rempli, dans leurs salons bien chauffés, où l'encre ne gèle certainement pas puisqu'ils s'en servent pour écrire leurs méchancetés, ayant aux pieds des chaussures qui ne sont pas des savates chinoises, ne prenant pas la neige. Je suis sûr que le goût de mentir leur passerait vite.

15. — Citations à l'ordre des capitaines de **La Vererie**, **Bordas** et **Pujo**, pour les opérations de Chou-Cheou; les 5ᵉ et 6ᵉ compagnies sont également félicitées pour leur brillante conduite.

17. — Premières belles journées d'hiver; les nuits sont toujours excessivement froides.

19. — Fête du nouvel an chinois. Quelques mandarins apportent les cadeaux d'usage au commandant qui les fait distribuer aux troupes.

Je suis invité à dîner chez le mandarin de Taï-Ling. Cette fois, toute sa famille, excepté les femmes, est réunie et le dîner est, ma foi, succulent. Je suis étonné de me voir servir du vin de Bourgogne ; mais les Chinois n'en boivent pas. Je demande au fils du mandarin où sont les femmes; il me dit qu'elles dînent à part avec leurs parentes, et qu'elles ne mangent pas des mêmes plats que nous, car elles aiment les mets plutôt sucrés.

20. — Je rejoins la portion centrale de la compagnie pour commander la 8ᵉ escouade.

22. — A 60 kilomètres d'ici, les Allemands battent une colonne chinoise de troupes régulières, qui voulait pénétrer dans le territoire du Pe-Tchi-Li. Ils ont un mort et sept blessés; les Chinois ont eu près de deux cents hommes hors de combat.

Le caporal fourrier se suicide.

24. — Un parent de l'empereur doit faire des cérémonies rituelles aux tombeaux à l'occasion du nouvel an chinois. Le commandant fait placer un poste de surveillance avec les consignes les plus sévères pour assurer l'ordre et empêcher que les soldats se livrent à des actes d'irrespectueuse curiosité. Je suis désigné comme chef de ce poste.

La cérémonie consiste en génuflexions, prières à haute voix, discours du prince aux assistants. Je rends les honneurs, parce que j'en ai reçu l'ordre; mais je ne puis m'empêcher d'en grogner tout bas.

26. — Le général américain Chaffee prévient, par l'intermédiaire de l'ordre général, qu'un soldat de marine a déserté en emportant armes et bagages après avoir commis un crime; signe particulier : une cicatrice sur chaque joue. Il demande qu'on le ramène mort ou vivant.

Aucune troupe étrangère n'a autant de déserteurs que les Américains; celui-ci est au moins le vingtième. Les Russes et les Japonais, seuls, n'en ont pas. Nous n'en avons eu que deux qui se sont évadés de la prison de Pao-Ting-Fou.

1ᵉʳ mars. — Une sentinelle américaine tue d'un coup de fusil un soldat français qui passait non loin d'elle. La sentinelle a-t-elle crié : « Halte-là » et le soldat, quoique ayant entendu, ne s'est-il pas arrêté? ou bien n'a-t-il pas entendu? C'est ce que l'enquête n'a pas encore fait connaître.

Cérémonies rituelles aux tombeaux impériaux.
(Communiqué par l'adjudant Vacelet.)

2. — Le soldat Trikera, du 17ᵉ, qui pénétrait dans une maison d'un village près de Chou-Chéou, est assassiné par des Chinois.

4. — Le sergent Moreti retrouve le corps de Trikera criblé de 23 blessures. Lui-même est presque assommé à coups de bâton. Il n'a dû son salut qu'à son cheval qui s'est cabré, empêchant ainsi les assaillants de continuer à frapper. Heureusement que le sergent est bon cavalier, car il a pu s'en tirer en piquant une charge.

5. — Un incendie se déclare dans les cantonnements de Liou-Li-Ho. Le capitaine Pujo, les soldats Verdec et Florenceau périssent en voulant éteindre le feu.

Dans cette douloureuse circonstance, j'adresse par la pensée un adieu à la figure à la fois sévère et sympathique du capitaine Pujo, sous les ordres duquel j'ai eu l'honneur de servir pendant les débuts assez pénibles de cette campagne. Il avait une grande expérience et la connaissance parfaite des hommes et des choses en campagne. Dans les moments critiques, il nous a maintes fois encouragés par ses paroles bienveillantes. C'était le vrai soldat colonial, et quel cœur! Je n'oublierai jamais qu'un jour, à Lou-Kou-Kiao, où nous n'avions ni pain, ni biscuits, ni vin, ni viande, rien enfin, il passa devant ma case noircie de fumée et me dit : « Hé, hé! Silbermann, ce n'est pas la première fois que cela nous arrive? mais nous n'en mourrons pas encore cette fois-ci, n'est-ce pas? » Le soir, arrive un Chinois avec un panier contenant douze œufs; c'étaient les premiers que nous voyions depuis le commencement de la campagne. Le capitaine les achète un prix fou et, s'adressant à moi : « Voilà pour vous et votre escouade. » J'ai protesté : cela m'allait droit au cœur! Je savais qu'il n'avait que du riz à manger ; mais il insista d'une telle manière que je les acceptai. Un quart d'heure après, je lui apportai quatre œufs à la coque; il m'en remercia bien vivement, lui qui les avait donnés. Ah! pourquoi Dieu nous prend-il de tels hommes!

6. — Exécution de six Boxers à I-Cheou, avec la cérémonie habituelle.

Circulaire n° 100, faisant des recommandations hygiéniques à l'occasion de la saison chaude qui s'approche.

8. — Les corps du capitaine Pujo et des deux soldats tués à l'incendie de Liou-Li-Ho sont, par ordre du général en chef, exhumés et transportés à Péking.

9. — Deux ministres chinois sont exécutés à Péking en présence des troupes alliées.

11. — Nous aurions dû quitter les tombeaux ce matin, mais un contre-ordre est arrivé dans la nuit. D'ailleurs, chaque jour on reçoit des dépêches qui se contredisent. Il doit assurément se préparer quelque chose.

12. — Un mercanti français vient pour la première fois aux tombeaux des empereurs; mais il vend ses marchandises, qui sont de mauvaise qualité, à un prix tellement exagéré que le commandant nous rappelle dans son rapport d'aujourd'hui que l'argent des soldats en campagne n'est pas pour enrichir un aventurier quelconque. Il a, du reste, tout ce qu'il ne faut pas. C'est un nommé D..., qui fut autorisé par le chef de bataillon à nous accompagner de Tien-Tsin à Péking; pendant la route, il fut nourri par ma compagnie. Il était alors presque sans chaussures : un homme de ma section lui donna une paire de souliers; ses vêtements étaient déchirés. Oh! mais à présent il paraît qu'il mène grande vie à Péking, car il y a fait sa fortune grâce au pillage qu'il a grandement pratiqué, à l'abri de toute surveillance. Et maintenant, pour nous témoigner sa reconnaissance, il veut nous piller aussi.

14. — D'après une dépêche de Péking, en prévision de la peste qui, selon l'avis du médecin, doit inévitablement éclater, les troupes vont évacuer cette ville et se concentrer entre Chou-Cheou et les tombeaux.

18. — Passage des officiers allemands venant de Pao-Ting-Fou, pour visiter les tombeaux. Ils disent qu'ils ignorent complètement les événements. Ils ne savent pas si le maréchal Waldersee doit quitter la Chine, comme le bruit en a couru; si les troupes allemandes rejoindront Péking, si la paix va être bientôt signée; enfin, ils semblent ne rien savoir. C'est comme chez nous, tout est mystérieux depuis le commencement de cette campagne.

19. — Le lieutenant-colonel Marchand arrive pour visiter les tombeaux. Je lui trouve une figure fraîche; il est vrai qu'il n'a pas subi les fatigues des premiers temps de la campagne. Il remplit les fonctions de major de la place de Péking et fait partie du conseil international des troupes alliées.

20. — Le courrier nous apprend qu'un conflit assez grave vient d'éclater entre Russes et Anglais au sujet d'une concession à Tien-Tsin, et que les Russes ne semblent pas se soucier des cris poussés par les Anglais, parce qu'ils continuent à faire des constructions sur le terrain en litige. Enfin, la Chine refuse de ratifier les empiétements des Russes en Mandchourie et s'adresse aux autres puissances, surtout au Japon, pour obtenir leur intervention. Les Russes, de leur côté, menacent d'envoyer de nouveaux renforts, surtout si les Japonais interviennent.

Il n'y a que des complications partout.

21. — Une véritable bataille s'engage à Tien-Tsin entre Anglais, Français et Allemands. Les Allemands sont du côté des Français. Un officier anglais s'en mêle et reçoit d'un Allemand un coup de sabre. Le général Bailloud est chargé de faire une enquête à ce sujet.

Il est à remarquer qu'entre les soldats de toutes les nations en Chine il y a une camaraderie véritablement cordiale, excepté avec les Anglais et les Américains. Personnellement, je n'ai aucun motif de leur en vouloir, je n'ai pas de préjugés; mais ils montrent ici un orgueil qui est véritablement stupide et qui excite tout le monde au plus haut degré. Leur langage est si hautain qu'on peut le prendre pour une expression de complet mépris, et ils montrent une excessive mauvaise volonté à rendre service.

Lanciers du Bengale.

Il faut encore noter que les Anglais et les Américains sont les premiers à se révolter contre le maintien de tout bon ordre : mais ils le paient parfois assez cher. C'est ainsi que l'officier anglais qui a provoqué à Tien-Tsin un officier français, et qui n'a pas voulu se laisser arrêter par les soldats allemands chargés de faire la police, a été tué net en plein public par un homme de la patrouille. De même, à Péking, un Américain qui faisait du tapage nocturne sur le secteur allemand, a refusé de suivre la police qui l'a tué d'un coup de feu. (Ils n'y vont pas de main morte, les Allemands.) Tout cela, dans les conditions où nous sommes, est triste à constater ; mais il faut bien avouer que c'est un peu de leur faute.

Je tiens encore à noter, à titre de souvenir, les procédés de la cavalerie anglaise (lanciers du Bengale) dans la colonne de Pao-Ting-Fou, où elle avait pour mission de chercher l'ennemi. Le chef de la colonne voulait livrer un combat décisif ; la cavalerie a bien trouvé les Chinois, mais elle les a fait sauver en se montrant trop tôt. Cependant, nos troupes réussissent à joindre l'ennemi ; à ce moment-là, plus un Anglais n'était visible. Où étaient-ils? on l'ignorait. Mais à peine les Chinois sont-ils refoulés par la colonne que les Anglais se présentent avec un drapeau qu'ils voulaient hisser au sommet d'une pagode. Les Français et les Allemands s'y sont complètement opposés et, prétextant que les lanciers n'avaient pas participé au combat, ont descendu le drapeau anglais qui était déjà hissé. Les cavaliers n'ont rien dit et se sont retirés.

23. — Nous partons en reconnaissance en pénétrant sur une partie du territoire de la Mongolie où, d'après les interprètes, aucun Européen n'est encore allé. Nous nous engageons dans les montagnes et nous cherchons une route conduisant à la Muraille de Chine, par le sud. Cette partie de la Mongolie est peu peuplée, peu cultivée. Le soir seulement nous trouvons un petit village où nous passons la nuit ; on nous regarde avec beaucoup de méfiance, mais on ne fuit pas.

24. — Conduits par un guide qu'un homme de l'avant-garde tient par la tresse, nous arrivons dans l'après-midi à la Muraille. L'accès est ici plus facile que du côté de la Chine ; la montée est insensible, mais pour descendre on peut facilement se tuer.

Les habitants nous regardent avec beaucoup d'étonnement et l'on ne rencontre toujours pas une seule femme. Nous passons la nuit dans la vallée, à 4 kilomètres de la première porte.

La Grande Muraille.

25. — Nous revenons aux tombeaux.

26. — L'ordre général nous apprend que l'état des négociations permet de renvoyer 10.000 hommes en France ; mais je constate que la paix n'est pas encore signée.

Le général fait connaître que les militaires de tous grades à l'hôpital auront droit à la solde de présence. C'est une décision à laquelle applaudiront tous les officiers qui ont vu les vieux soldats à l'œuvre.

28. — Incendie du poste de Laï-Su-Sien, où les armes, vivres, effets sont complètement perdus. Comme premier secours, notre commandant envoie aussitôt aux hommes du poste un gros paquet de linge qu'il venait de recevoir de France pour son usage personnel.

1ᵉʳ avril. — L'indemnité de guerre due par la Chine aux puissances alliées est fixée à 200 millions de taels payables en or.

4. — Je ne crois pas mentir en disant que nous sommes pieds nus. Il y a un mois environ, on nous avait envoyé quelques paires de souliers achetées aux Italiens ; mais elles étaient de qualité très mauvaise et ne peuvent déjà plus se réparer. Un grand nombre d'hommes n'ont même pas de savates chinoises, et c'est pour cela qu'il y a tant de blessés aux pieds.

9. — Une bande de Boxers est signalée par le préfet de I-Cheou, dans les environs de Tong-Chung, à 50 kilomètres d'ici. Nous partons donc en reconnaissance (9ᵉ et 11ᵉ compagnies) accompagnés de 21 estafettes. Le préfet nous donne, en outre, 30 de ses cavaliers armés de fusils Mauser et Winchester.

Dès le matin, nous nous trompons de chemin, le guide nous menant exactement du côté opposé à la direction à suivre. Cela commence bien ! Mais le commandant le menaçant de le faire fusiller, le guide nous remet dans le bon chemin et nous faisons une grand'halte après sept heures de marche sans repos. Un incident se produit alors, que je tiens à noter.

Un détachement de cavaliers allemands, dont deux officiers en gants blancs, s'il vous plaît, accourt au grand galop vers nous ; les officiers demandent à notre chef ce que nous venons faire ici. Le commandant m'appelle et, me prenant comme interprète, me fait traduire : « Le territoire du Pe-Tchi-Li a été partagé entre les troupes alliées en secteurs pour le maintien du bon ordre et la répression des rebelles. Je suis dans mon territoire pour le moment français, et j'en suis le chef. Je vous ai considérés jusqu'à présent comme des alliés, des camarades ; vos collègues et vos troupes en passant chez nous ont toujours été traités comme tels par mes officiers et mes soldats. Mais au point de vue politique, je fais ici sur ce territoire mon devoir de chef; je ne me mêle pas de ce que vous faites sur le vôtre, agissez de même. » Les officiers allemands en gants blancs restent là comme des idiots, n'osant même pas regarder le commandant. Mais comme il n'est pas vindicatif et connaît à la perfection les usages de savoir-vivre, il ajoute aussitôt : « Maintenant l'incident est terminé, n'est-ce pas? Nous sommes amis de nouveau », et il les invite à partager son frugal déjeuner. Dix minutes après cet incident, officiers allemands et français choquent joyeusement leurs verres et le commandant boit à la bonne camaraderie qui a toujours existé en Chine entre les troupes des deux nations. Les Allemands annoncent alors qu'ils ont capturé une bande de Chinois armés et qu'une autre bande est signalée en embuscade près de Tong-An. Sur ce, nous continuons notre route et faisons encore 20 kilomètres. avant d'arriver, à la nuit, dans un village d'où tous les habitants se sont enfuis. C'est ici que la bande a passé la journée d'hier : elle y a tout dévalisé ; mais, prévenue de notre approche, elle s'est sauvée précipitamment. Nous avons aujourd'hui plus de 50 kilomètres dans les jambes.

10. — Nous marchons encore une quinzaine de kilomètres pour atteindre la bande qui fuit à mesure que nous avançons, oubliant toutefois un de ses cavaliers armé d'un très beau sabre et monté sur un cheval magnifique. Nous le capturons ; mais nous battons vivement la brousse sans pouvoir rencontrer les Boxers.

11. — Retour en arrière jusqu'au premier village, où nous passons la nuit.

12. — Nous reprenons la route des tombeaux.

Cette reconnaissance est la plus longue que nous ayons faite jusqu'à présent. Nous avons parcouru

140 kilomètres en trois jours, sur une route effroyable : montées, descentes rapides, sable, cailloux, torrents à traverser sans ponts. Comme je suis à l'arrière-garde, j'ai l'occasion de regarder et je vois, en effet, des hommes marcher presque pliés en deux ; mais aucun ne reste en arrière. Je ne puis m'empêcher de le faire observer au commandant qui daigne m'adresser assez souvent des paroles bienveillantes, et il me répond : « Oui, je suis très heureux de le constater. »

Nous arrivons tard dans la nuit aux tombeaux.

13. — Dans son rapport d'aujourd'hui, le commandant Fonssagrives félicite tout le monde sans restriction de la façon dont cette reconnaissance a été exécutée.

Arrivée du général Bailloud, accompagné de son chef d'état-major, le colonel Espinasse, et de son officier d'ordonnance, le lieutenant Porte. Le commandant me présente au général et au colonel en disant : « Permettez-moi de vous présenter le soldat Silbermann, qui a fait la campagne du Dahomey, où je l'ai connu; celle de Madagascar, où il vous a connu, mon général, et vous aussi, mon colonel, et celle de Quang-Cheou-Ouan. Il a participé à toutes les opérations du 17e en Chine, et il est le seul soldat de ce régiment qui ait quatre années de présence effective en Extrême-Orient, constamment en marche ou en colonne. » Le colonel me reconnaît, en effet, car il était capitaine dans la légion étrangère, en 1895, et reprend : « Oui, mon général, je me souviens de lui : il était dans mon bataillon pendant la campagne de Madagascar et j'ai eu souvent l'occasion de lui parler. » A mon tour, je dis : « Mon général, permettez-moi de vous rappeler que vous m'avez aussi adressé la parole, car vous m'avez dit pendant l'expédition de faire bien attention à nos mulets, parce que sans eux les voitures deviendraient inutiles et ne serviraient plus à rien. » Il rit, m'adresse des compliments, me donne quatre cigares

Général Bailloud en colonne.

et me fait servir un petit verre de bénédictine par M. Porte, son lieutenant officier d'ordonnance.

14. — Enfin! après un hiver si pénible pour tous et surtout pour moi, qui n'en ai pas vu depuis dix ans, voici la première journée chaude. O soleil bienfaisant! que je me sens renaître! tu mériterais qu'on te célèbre par un hymne païen.

15. — Un télégramme optique, arrivant dans la nuit, nous prescrit de rallier Chou-Cheou le plus tôt possible. Tout est emballé pêle-mêle et, à 10 heures du

matin, nous quittons ces fameux tombeaux impériaux où Dieu seul sait ce que nous avons souffert.

Les mandarins du pays se rassemblent à Chan-Ling pour nous souhaiter un bon voyage. Ils nous offrent des voitures et des mulets pour nos bagages; quelques-uns même nous accompagnent à cheval jusqu'à I-Cheou, où nous arrivons dans la soirée.

18. — Nous arrivons à Laï-Su-Sien, limite du terri-

Autorités françaises et chinoises.

toire sous les ordres de notre chef de bataillon. Les mandarins, en habit de cérémonie, sont rassemblés pour recevoir le commandant Fonssagrives. Ils lui expriment leurs remerciements et leur reconnaissance pour la protection qu'il leur a donnée contre les soldats des autres nations et contre les Boxers. Mais que pensaient-ils en disant cela ? Certainement tout le contraire.

19. — Nous arrivons à Chou-Cheou. Nous prenons ici le chemin de fer pour Lou-Kou-Kiao. Quelle différence entre la situation d'aujourd'hui et celle d'il y a sept mois ! L'on roule maintenant en wagon ; l'on ne fait, il est vrai, que 15 kilomètres à l'heure : mais que de fatigues nous sont épargnées ! La ligne a été reconstruite par les soldats du génie français avec une rapidité étonnante.

La compagnie reçoit l'ordre d'occuper quatre postes : le capitaine reste avec la portion centrale à Lou-Kou-Kiao, et je vais, avec l'adjudant Orlanducci, à Sang-San-Sien, à 4 kilomètres du capitaine.

20. — Une colonne comptant 10.000 hommes, Français et Allemands, sous les ordres du général Bailloud, se forme à Pao-Ting-Fou pour opérer vers le Chan-Si.

21. — Une bande de Chinois montés passe ici dans la nuit. Quelques coups de fusil sont échangés et les Chinois se sauvent au grand galop.

Nous apprenons qu'un incendie a éclaté dans le palais du maréchal Waldersée. Les premiers secours ont été organisés par les Français, sous les ordres du lieutenant-colonel Marchand, qui s'y dévoue lui-même admirablement. Nos soldats sauvent le maréchal d'une mort certaine ; ils l'enlèvent en chemise et le font passer par une fenêtre. Son chef d'état-major, le général Schwartzhoff, n'est pas aussi heureux : déjà hors du palais, il a voulu y rentrer pour prendre les papiers de l'état-major ; on l'a retrouvé mort une heure après. C'était le plus jeune général de l'armée allemande.

L'incendie est attribué à des Chinois fanatiques.

22. — Le détachement allemand de mon poste fournit une sentinelle double de nuit pour garder un wagon de munitions destiné à Pao-Ting-Fou, afin de permettre à l'escorte française de se reposer. C'est le chef de détachement qui l'offre spontanément au chef de l'escorte. Mais, vers minuit, lorsque ce dernier veut faire une ronde vers son wagon, il est arrêté par la sentinelle, qui ne veut rien entendre; il est obligé de s'en aller sans avoir visité son wagon.

23. — Un capitaine allemand est tué à Péking en plein jour par un fanatique chinois.

24. — Le Chinois est exécuté aujourd'hui, à l'endroit même de son crime.

Les habitants de la région haïssent bien plus les Allemands et les Russes que les soldats des autres nations; partout où leurs troupes passaient, les unes brûlaient et les autres pillaient et saccageaient tout. Le prédécesseur du maréchal Waldersée avait d'ailleurs ordonné aux Allemands de bombarder et de brûler les villages afin de venger, disait-il, la mort de leur ambassadeur assassiné à Péking; mais, depuis l'arrivée du maréchal, ils se sont un peu calmés, sans doute par ordre. Quant aux Russes, je ne comprends pas pourquoi ils étaient si acharnés.

25. — Le chef du détachement allemand de notre poste nous invite à dîner. Au dessert, il nous adresse un discours en assez bon français, dans lequel il nous dit que la campagne de Chine aurait certainement une influence heureuse sur les relations entre la France et l'Allemagne et qu'il le désirait beaucoup. En outre, se tournant vers ses hommes, il leur dit en allemand : « Quand vous rentrerez en Allemagne, vous direz à vos familles que nous avons vu l'armée française de près; qu'elle est pleine de bravoure, d'endurance et de loyauté; que le Français est généreux et sait vivre en bonne harmonie avec tous les peuples; qu'en Chine, les soldats de toutes les nations aimaient les Français et recherchaient leur camaraderie. Oui, s'écrie-t-il en terminant, nous dirons à nos parents que le Français est digne du respect de tous! »

Il est vrai qu'à Takou, Tien-Tsin, Pékin, Pao-Ting-Fou, en colonne, les soldats étrangers nous recherchaient de préférence aux troupes des autres pays. D'ailleurs, en marche, nous aimions aider tout le monde; si un mulet tombait, si une voiture se cassait, s'il se produisait tout autre incident de route, les Français offraient leur aide spontanément.

26. — Le maréchal Waldersée va passer l'inspection des troupes à Chang-Haï-Quan.

29. — Reconnaissance dans la direction du nord-est où un Chinois nous indique le refuge d'une bande de Boxers. Mais nous ne sommes qu'une quinzaine d'hommes, et l'adjudant ne veut pas prendre la responsabilité d'une attaque; il est à présumer, en effet, qu'on serait un contre vingt dans un combat de nuit. Nous rebroussons donc chemin.

1er mai. — On nous lit la dépêche suivante envoyée par l'empereur d'Allemagne : « J'exprime aux troupes françaises ayant combattu l'incendie du palais du maréchal Waldersée mes remerciements sincères pour le dévouement et le courage qu'elles ont montrés à cette occasion. »

2. — Nous partons pendant la nuit (Français et Allemands), sous les ordres du capitaine Vautravers, vers I-Chéou, où une bande boxer nous est signalée.

Quand nous arrivons près du village, nous recevons quelques coups de feu et nous entendons des cris épouvantables poussés par des voix féminines. Malgré la nuit, très noire, nous contournons le village et nous faisons six prisonniers; les autres se sauvent, grâce à l'obscurité profonde et la proximité de la forêt.

Il faut remarquer que des bandes se reforment presque partout. C'est inouï, ce qu'elles nous font courir, maintenant qu'on croyait la campagne terminée; d'ailleurs, elles réussissent le plus souvent à nous échapper. Je me demande si elles ne sont pas clandestinement encouragées par le gouvernement chinois. Et cette

L'Empereur de Chine et son père.
(Communiqué par la maison Larousse.)

fameuse paix sera-t-elle signée cette année? Les Chinois, tout en acceptant nos conditions, savent bien négocier aussi longtemps qu'il leur plaît, surtout le célèbre Li-Hung-Chang, qui se prétend tantôt agonisant et tantôt ressuscité, croyant sans doute lasser les diables d'Occident, qui s'en retourneront comme ils sont venus. Oui! mais en attendant, les 10.000 hommes, dont le départ était fixé au 6 avril, sont encore en Chine aujourd'hui 2 mai.

Au début de la campagne, c'était vraiment trop beau! Les puissances européennes marchaient la main dans la main, et si elles avaient continué, si l'on avait organisé aussitôt après la prise de Péking une grande colonne pour aller à la poursuite de la famille impériale, la faire prisonnière et la garder jusqu'à la conclusion de la paix, il y a longtemps que le traité serait signé. Mais ce que nous avons vu est vraiment abominable. On peut se demander maintenant pourquoi les puissances ont presque toutes retiré leurs troupes de Péking, les unes les envoyant à Tien-Tsin, les autres les rappelant en Europe. Et, cependant, il y a dans l'intérieur du Pe-Tchi-Li des centaines d'Européens à protéger, des milliers de Chinois catholiques à secourir! Il est donc permis de supposer que les puissances sont venues à Péking, non pour accomplir une œuvre humanitaire, mais pour partager le gâteau chinois et en prendre chacune le plus gros morceau. C'est mon opinion depuis septembre 1900. Mais les Chinois, beaucoup plus malins qu'on le croit, en voyant leurs rivalités, en ont tiré tout le parti possible et je trouve, ma foi, qu'ils ont eu raison. En attendant, le sang européen coule toujours en Chine. Aujourd'hui encore passe ici un convoi de morts et de blessés allant à Péking, venant de la colonne de Chan-Si. Combien de centaines de jeunes gens sont déjà, depuis la prise de Péking, couchés sur la terre chinoise pour ne plus se relever, les uns tués par les balles, les autres morts de maladie ou de privations et de misère trop prolongées. A qui la faute? Pas à nous, j'en suis sûr, nous qui, depuis le commencement, restons ici sans aucune autre pensée que de protéger les hommes qui se sont dévoués pour la cause sacrée de la civilisation. Je ne vois pas jusqu'à présent l'avantage que nous pourrons retirer de cette campagne. Mais cela ne nous a pas empêchés d'être les premiers là où la protection des Européens s'imposait, et d'interdire désormais le Pe-Tchi-Li aux assassins des Européens.

3. — Un grave accident a failli signaler dans la nuit notre retour de la reconnaissance. La compagnie s'était fractionnée en deux groupes devant rester chacun dans ses cantonnements. A peine marchons-nous depuis une demi-heure que nous sommes arrêtés par le cri de : « Halte-là ! Qui vive ! », en même temps que nous entendons remuer des culasses mobiles, signe qu'on chargeait les armes. Nous répondons : « France » ; mais aucune injonction ne se fait entendre ; on distingue seulement dans le lointain des commandements brefs, des chuchotements et des coups de sifflet. Deux hommes montent alors sur une petite hauteur et crient à tue-tête : « France ! France ! ». Les Allemands crient enfin : « Deutch ! » Un sergent vient alors reconnaître nos deux hommes et nous dit que ses camarades ont bien entendu nos réponses, mais croyaient que c'était une bande de Boxers qui voulait les tromper. Il s'en est fallu de peu qu'il y ait eu combat entre les hommes de nos détachements.

5. — La colonne française et allemande revient à Péking. Cette colonne, commandée par le général Bailloud, qui avait sous ses ordres un général allemand, avait pour but de déloger les troupes chinoises venant du Chan-Si et postées vers la Grande-Muraille, avec l'intention de pénétrer dans le Pe-Tchi-Li. Il y eut un combat où les Allemands perdirent 8 morts et 17 blessés, puis les généraux chinois sont venus parlementer ; ils sont ensuite repartis avec leurs troupes pour le Chan-Si.

L'ordre général nous fait connaître aujourd'hui la nouvelle répartition des troupes.

Le 17ᵉ de marine sera désormais ainsi fractionné : le 1ᵉʳ bataillon et le colonel à Chou-Cheou, le 2ᵉ bataillon entre Pao-Ting-Fou et la Grande-Muraille du Chan-Si, le 3ᵉ bataillon entre Lou-Kou-Kiao et la Grande Muraille de l'ouest. Le 16ᵉ de marine occupera Takou, Tien-Tsin et les postes qui en dépendent. Le 18ᵉ occupera Péking (ce régiment, je ne sais pourquoi, n'a jamais marché ; il est toujours resté dans la capitale). Les troupes de la guerre rentreront sans retard en France.

Ces dernières se sont très bien conduites. Je suis heureux de le constater, car je n'avais pas la même opinion en 1895. Il faut dire que celles qui sont venues en Chine étaient commandées par des officiers de haute valeur, ayant une grande expérience coloniale ; tel le général Bailloud qui, tout en exigeant beaucoup de l'homme en campagne, sait bien le ménager et s'occuper de tous les détails concernant son bien-être et sa santé ; le lieutenant-colonel Espinasse, le capitaine Aubé avaient fait déjà des campagnes ; le colonel Drude, des zouaves, est un vieux colonial que je connais bien.

10. — Le bataillon du 61ᵉ s'embarque pour la France.

11. — Je suis envoyé à Péking par le capitaine Vautravers pour faire diverses commissions.

Comme à l'époque de notre arrivée, rien, absolument rien n'indique, à 1 kilomètre de Péking, soit du côté nord, soit du côté sud, qu'on approche de la capitale céleste, la ville la plus vaste du monde. Ce sont toujours les mêmes misérables cases qui ornent les alentours jusqu'aux murs de la cité.

Enfin ! me voilà pour la deuxième fois à Péking, après

Un poste japonais.
(Communiqué par l'adjudant Vacelet.)

neuf mois d'absence. Quelle différence entre le mois d'août dernier et aujourd'hui. Tiens! on arrose les rues! Elles sont aussi défectueuses qu'autrefois, mais elles sont moins sales. Je traverse successivement les quartiers japonais, américain, anglais. Les cipahis indiens m'impressionnent très désagréablement : ils sont grands comme des poteaux télégraphiques, maigres comme des squelettes; avec leurs jambes plus minces que celles des chevaux, leurs turbans d'une hauteur ridicule, ils sont réellement écœurants à voir.

Le quartier russe n'existe plus. L'arsenal que les Russes occupaient est à présent le quartier des Allemands. Cela leur revenait de droit; l'arsenal contenait en grande partie des canons, des munitions et des fusils allemands, et, pendant la campagne, maint Allemand a été tué par des obus ou des balles de sa propre patrie. Ce que je trouve pratique chez eux, ce sont leurs cantines par quartier ou par compagnie. Chacune d'elles fait venir des marchandises en gros de Hong-Kong et les revend aux hommes au prix d'achat. L'intendance avance l'argent aux compagnies, qui le remboursent après la vente. Il serait désirable qu'on agisse ainsi chez nous, car cela rendrait grand service aux hommes.

Le quartier italien n'est pas grand, mais propre. Je ne vois plus d'Autrichiens. J'arrive enfin dans le quartier français.

Voici un boulevard admirablement tracé que je ne connaissais pas. Des hommes du 18ᵉ montent une sorte d'arc de triomphe sur le pont impérial; ils le décorent, ainsi que le boulevard, avec des drapeaux français. Je demande ce que cela signifie; on me regarde avec étonnement : « Ah! tu viens de France? me dit un soldat. — Non, pas précisément. — Alors, tu as fait un séjour à l'hôpital. — Pas davantage. — Comment! tu n'arrives pas de France, tu ne sors pas de l'hôpital, et tu ne sais pas que demain on inaugure le boulevard Voyron? D'où sors-tu donc? »

Mon Dieu, non! je ne le savais pas! Je ne savais pas non plus que les camarades en garnison à Péking toucheront deux rations supplémentaires de vin et au-

Général Voyron et son escorte.

ront deux jours de repos après les fêtes de l'inauguration. Ni moi, ni mes camarades qui sont dans les montagnes ne le savaient, et ceux-là ne le savent pas encore. Voilà les hasards de la guerre! Pendant que les uns sont sans cesse en marche, livrent des combats, couchent sous les étoiles, crevant presque de faim et

Le pont de marbre et la cathédrale.
(Communiqué par l'adjudant Vacelet.)

souffrant mille misères, les autres, qui sont du même corps expéditionnaire, font des fêtes à Péking, reçoivent du vin en supplément, et ont des journées de repos. Naturellement, il faut bien qu'ils se reposent pour pouvoir recommencer dans quelques jours.

Le général Voyron est à Péking. Je ne l'ai pas encore vu.

Je vais remettre une lettre à Mgr Favier, de la part du capitaine Vautravers. Il est assis dans un bon fauteuil, un gros cigare à la bouche; il a le sourire aux lèvres. A le voir ainsi, on le prendrait pour un riche propriétaire, plutôt que pour l'évêque de Péking. Dans l'intérieur du quartier de la Mission, il n'y a plus trace de l'effroyable misère qui y régnait il y a quelques mois à peine, après le siège de Pé-Tang; tout est réparé, embelli. Monseigneur m'a reçu avec une politesse, une amabilité parfaites.

Je vois aujourd'hui manœuvrer un bataillon italien musique en tête. Ce sont des bersaglieri. L'impression qu'ils me produisent n'est réellement pas bonne, leur marche est trop précipitée, et, cependant, ils ne semblent pas plus avancer que des oies qu'on pourchasse. Pour le reste, mêmes remarques qu'en septembre : trop de courses et trop de cris de la part des chefs de section; l'ensemble manque et le coup d'œil, surtout pour un militaire, est très vilain.

Péking est maintenant très animé; l'on se heurte à chaque pas à quelque chose ou à quelqu'un. Des milliers de voitures à deux roues vont et viennent toute la journée. On construit partout, surtout dans le quartier européen; l'on y fait des casernes destinées aux troupes qui occuperont la capitale après la guerre. Les femmes chinoises ne nous évitent plus comme autrefois. On répare les églises que les Boxers avaient démolies. Les maisons des diverses légations sont presque entièrement rebâties. Ce quartier est d'ailleurs le plus beau de Péking, et naturellement le plus animé.

12. — Un commerçant français, qui accompagnait des marchandises à Chou-Cheou, est attaqué par une

Une Mission catholique au Pe-Tchi-Li.

bande d'une quarantaine d'hommes armés de fusils mauser. Cette bande a un drapeau portant l'inscription suivante : « Ceux qui meurent de faim, venez à nous; vous aurez à manger, un cheval et un fusil. »

Le clairon de la 1ʳᵉ compagnie se suicide.

15. — Deux hommes du 17ᵉ désertent. Je me demande où peuvent-ils bien aller dans ces montagnes.

Pendant la nuit, on entend des coups de fusil près du village ; c'est probablement la même bande qui vient dévaliser les habitants. Ce qui nous agace, c'est qu'il est impossible de l'attraper : nous avons usé toutes les ruses possibles le jour comme la nuit pour les surprendre ; mais il faut croire qu'ils sont plus fins que nous.

Aujourd'hui, le vingtième jour que nous ne touchons plus de vivres d'ordinaire ; on nous a aussi diminué la ration de viande et de café. C'est peut-être pour augmenter celle des pauvres soldats qui se sont trop fatigués pendant les fêtes de Péking.

17. — Pendant la nuit, les Chinois ont démoli le chemin de fer près de notre poste. Lorsque nous y arrivons, nous ne trouvons personne, comme toujours ; ils ont dévissé et emporté les éclisses.

18. — Le commandant Fonssagrives reçoit, par l'intermédiaire de Ly-Hung-Chang, l'ordre du Double Dragon. Cette décoration lui donne droit dans tout l'empire à quatre parapluies, c'est-à-dire qu'on lui doit les honneurs d'un préfet.

Trois hommes du 17ᵉ sont tués par des Chinois près de Pao-Ting-Fou.

Pendant la nuit, nous tendons une embuscade près du village ; mais nous sommes dénoncés.

19. — Un ordre général nous fait connaître que tout homme qui sortira des cantonnements **sans** autorisation spéciale sera puni de prison. C'est sans doute à la suite des assassinats, qui se multiplient aux environs des postes, que cette recommandation est faite.

20. — Reconnaissance de nuit ; départ à 9 heures du soir, obscurité complète et pluie constante. Cette opération a pour but la poursuite d'une bande montée et armée de fusils et de revolvers. Nous marchons toute la nuit sans nous arrêter, tant il est vrai que la perspective d'un engagement donne de la force à l'homme.

A 6 heures du matin, nous faisons une halte dans un village, où nous trouvons les cadavres encore chauds de deux Chinois allongés sur le chemin. Le capitaine fait interroger un habitant qui fait le muet. Il le fait frapper à deux reprises par un indigène ; mais l'habitant refuse toujours de parler. Le capitaine lui promet alors des taels, et cette promesse produit un effet immédiat. (Je n'en suis pas étonné, car je sais que le Chinois, comme l'Arabe, tuera son plus proche parent si on lui promet de l'argent.) Il raconte que la bande s'est arrêtée ici la nuit, après avoir pillé plusieurs villages ; mais qu'ayant été prévenue de notre mouvement par ses espions, elle s'est sauvée vers 3 heures du matin. Les cadavres sont ceux du chef, un véritable colosse, et de son fils, tués par leurs hommes pour avoir mal partagé le butin. En fuyant, la bande a laissé dans le village deux chameaux chargés d'alcool de riz, un cheval et un mulet chargés de vermicelle. Nous nous emparons de tout cela, ainsi que du Chinois qui a parlé pour de l'argent, et nous rebroussons chemin.

En route, nous faisons 16 prisonniers.

22. — Le soldat Noë déserte sans armes. Il faut être vraiment fou pour risquer ainsi sa vie au milieu des montagnes, en s'exposant à mourir de faim. D'ailleurs, j'avais toujours considéré ce soldat comme un peu déséquilibré ; mais je ne puis m'empêcher de répéter ce que j'ai déjà dit si souvent sur la nécessité de choisir, de trier les hommes destinés au premier contingent expéditionnaire, et de refuser les jeunes gens de 20 ans qui ne rêvent que de partir dans les pays lointains pour y gagner croix, médailles et autres merveilles. Ils changent du tout au tout quand

leur désir chimérique est réalisé : les uns se suicident : les autres désertent, voulant échapper aux misères de la guerre et faisant ainsi le désespoir de leurs familles et le déshonneur du régiment.

Je considère aussi comme une faute assez grave la mauvaise répartition des hommes, qui place presque tous les jeunes soldats dans les mêmes compagnies et tous les anciens dans les autres. Ce sont des détails

Infanterie coloniale montée.

qui semblent peut-être insignifiants en garnison ; mais en campagne — et je le vois pour la quatrième fois — ils ont une grande importance.

Le bruit court que le général en chef a demandé au

ministre les étoiles de divisionnaire pour le général Bailloud. Je ne sais si la nouvelle est exacte ; mais si elle est vraie, la grande majorité du corps expéditionnaire s'en réjouira.

24. — A 5 heures moins 10 du matin, nous recevons l'ordre de Lou-Kou-Kiao de nous mettre en route, à 5 heures précises, dans la direction de Lang-Sien. En moins de dix minutes nous sommes habillés, équipés, armés et nous quittons le village. Après une heure de marche, nous rencontrons le capitaine avec un peloton et une fraction montée ; un peu plus loin, c'est le commandant avec trois compagnies, venant de Chou-Cheou et de Liou-Li-Ho.

Nous commençons alors à battre la campagne en faisant une vraie chasse à l'homme. C'est toujours la même bande que nous poursuivons, mais elle est insaisissable : on la signale un peu partout et elle nous fait courir comme des enragés. Tout à coup nous tombons sur un groupe d'une cinquantaine de femmes cachées dans la grande broussaille entre deux montagnes ; ce sont les femmes de la bande. Quant aux hommes, ils se sont « tiré des flûtes ». Elles restent muettes à toutes nos questions et ne semblent pas disposées à dénoncer leurs compagnons ; dans le nombre, il y en a de fort belles ; mais le commandant nous dit : « Regardez, et ne touchez pas. »

Nous rentrons le soir à Lou-Kou-Kiao, sans avoir rencontré les Chinois ; mais nous sommes accompagnés par un harem. C'est vraiment un tableau curieux. La journée fut des plus pénibles pour nous, car nous avons marché de 5 heures du matin à 6 heures du soir, avec une seule halte d'une demi-heure, tantôt dans la vase, tantôt au pas de course, battant les grandes herbes, ou tombant dans les trous ; n'ayant d'autre nourriture que quelques morceaux de biscuits et une boîte de conserves pour quinze hommes. Nous n'avions même pas pris le café ce matin. Ah oui ! MM. les troupiers de Péking sont étonnés de ce que nous ignorions les fêtes qu'ils donnent dans la capitale céleste ! je voudrais bien les voir à notre place !...

25. — Trois princes chinois quittent Péking, allant à Sin-Ngan-Fou pour ramener la famille impériale dans la capitale.

Une revue de l'armée régulière chinoise.
(Communiqué par le commandant Aubé.)

La comédie se joue déjà pour la deuxième fois. Je serais fort étonné de voir revenir cette famille pleine de ruse et d'intrigue ; elle sait bien que, de loin, elle peut mieux se moquer de nous.

26. — Dépêche ministérielle : « Une médaille commémorative sera donnée à tous les militaires et marins du corps expéditionnaire en Chine. » Le général en chef dit, dans son ordre d'aujourd'hui, qu'il demandera la privation de cette médaille pour les hommes traduits en conseil de guerre ou en conseil de discipline, ou punis

de soixante jours de prison, et pour les gradés cassés pendant l'expédition.

A l'occasion de l'inspection générale, l'adjudant Orlanducci et moi sommes de nouveau proposés pour la médaille militaire.

27. — On nous lit aujourd'hui une dépêche adressée par la ville de Paris au corps expéditionnaire : la Ville nous envoie son salut fraternel et nous souhaite un prompt et heureux retour en France.

Les négociations pour la paix n'aboutissent toujours pas.

On dit que le colonel Sucillon, chef d'état-major, sera nommé général de brigade et restera en Chine à la tête du corps expéditionnaire ; le lieutenant-colonel Marchand sera chef d'état-major. L'Allemagne et la France laisseront chacune une brigade provisoire d'occupation. Le corps expéditionnaire n'attend plus que les bateaux pour son rapatriement.

Je présume donc, d'après tout cela, que la campagne proprement dite est terminée et que la diplomatie fera le reste. Puisse-t-elle ne pas se laisser duper !

28. — Je reçois l'ordre de Péking de me rendre à Tien-Tsin et Takou pour être rapatrié (fin de séjour colonial). Je suis le seul du bataillon dans ce cas. Le 1er juin, il y aura quatre ans que « je vadrouille » en Extrême-Orient, au Tonkin, à Quang-Cheou-Ouan et au Pe-Tchi-Li. Le colonel pensait comme moi que c'était assez pour le moment.

En effet, je ne saurais cacher que je me sens un peu fatigué. Mon corps a besoin de repos après avoir travaillé sur les routes militaires dans la haute région du Tonkin où le climat est assez mauvais, marché presque continuellement pendant vingt-deux mois à Quang-Cheou et pendant presque toutes les opérations au Pe-Tchi-Li.

D'ailleurs, les hostilités sont considérées comme terminées. Il n'y a plus que quelques petites bandes qui se forment dans le Pe-Tchi-Li et qui dévalisent les villages sous prétexte qu'elles ne veulent pas mourir de faim ; je pense qu'elles n'attaqueront pas les postes et n'auront plus avec nos détachements que des escarmouches sans importance. Les hommes qui forment ces bandes ont été pillés par les Boxers et, souffrant de la faim pendant l'hiver, poussés par la misère, vont à leur tour piller leurs semblables pour vivre. On peut difficilement les atteindre, car ils ont des lieux de refuge introuvables pour l'étranger.

29. — Je quitte la compagnie. Mon capitaine, sous les ordres de qui j'ai servi dans la haute région du Tonkin où nous avons déjà connu les privations ensemble, me fait appeler chez lui et me dit des paroles qui me remuent le cœur. J'ai envie de pleurer et de rire tout à la fois. En le quittant et en même temps qu'il me serre la main, il me dit, en me montrant mon livret matricule : « Voici vos notes trimestrielles : « Est rapatriable pour fin de » séjour ; a été un soldat modèle pendant toute la cam- » pagne ; est proposé pour caporal et pour la médaille » militaire. »

La dernière poignée de main de quelques camarades avec lesquels j'ai tant de fois été exposé aux mêmes dangers, aux mêmes souffrances, me fait plutôt mal. Ce n'est pas la première fois que j'éprouve cela. Oh ! qu'il est difficile de se séparer tout à coup de ses compagnons de douleurs, de misères et de joies. Oui, je le vois maintenant plus que jamais, Dragomiroff avait raison de dire, dans son Memento militaire : « A vivre côte à côte en communauté de situation et de sentiment, alors qu'on a besoin d'expansion, d'affection et qu'on a la foi, la confiance de la jeunesse, comment ne se lierait-on pas bien vite de franche amitié ? La camaraderie en face du danger est la condition indispensable et suprême pour atteindre un but quelconque à la guerre. Tout ce qu'on apprend aux troupes en temps de paix n'a qu'un seul but : préparer les hommes individuellement, aussi bien que les différentes unités, à s'entr'aider avec un entier dévouement et une juste entente de la situation. La camaraderie est nécessaire du haut en bas de l'échelle : qu'on se rappelle les lieutenants d'Alexandre et ceux de Napoléon. »

Je me rends à Lou-Kou-Kiao avec mon maigre ballot, que les soi-disant camarades de l'arrière ont complètement dévalisé, et le train m'emporte vers Péking. Je dois avoir l'air d'un mendiant ou d'un déserteur ; je n'ai rien de bon à me mettre sur le dos ; mes chaussures et mes effets sont dans un état pitoyable. J'arrive le soir à Péking.

QUATRIÈME PARTIE

30. — Je me rends à Tien-Tsin, toujours en chemin de fer.

Dans le même wagon, il y a des soldats de toutes les nations qui ont des troupes en Chine. On essaie d'entamer une conversation ; on emploie le sabir chinois, c'est-à-dire les quelques mots de chinois que tout soldat a appris dans le pays, accompagnés de gestes expressifs

Une rue de Tien-Tsin.
(Cliché communiqué par la Maison Larousse.)

et l'on arrive à se faire comprendre à peu près. Il arrive, parfois, que l'on demande du tabac et que votre interlocuteur vous passe du sel.

La ville de Tien-Tsin a complètement changé d'aspect

depuis le mois d'août dernier. Elle n'était alors qu'un tas de décombres, et maintenant toutes les maisons sont réparées ou reconstruites ; d'immenses bâtiments ont été élevés ; la gare est refaite à neuf ; les boulevards et les rues sont bien entretenus.

L'élément civil est plus considérable ici qu'à Péking. Je remarque aussi le quartier général du corps expéditionnaire français.

Chaque puissance a son secteur particulier dont elle assure l'ordre et la sécurité. Le plus beau est celui des Anglais avec ses maisons du dernier style européen, son jardin public et ses allées magnifiques.

Je visite le cimetière français où je compte quatre-vingt-quatorze tombes renfermant les morts du 13 et du 14 juillet 1900. Il y en a deux où reposent respectivement vingt-deux et quatorze cadavres qui n'ont pas été reconnus.

Je vois aussi les tas de sel qui représentent la part de prise de nos troupes après l'enlèvement de la ville. Il y en a près d'un millier, hauts comme des maisons de deux étages ; l'on me dit que Tien-Tsin les a rachetés pour 4 millions de taëls.

Le capitaine de la place me rencontre, me trouve misérablement habillé et chaussé ; il m'engage à rentrer au dépôt le plus vite possible : « Ce sont surtout vos chaussures, me dit-il, qui vous font ressembler à un chanteur de la sérénade du pavé. » Oui ! naturellement, ceux qui n'ont pas quitté Tien-Tsin n'avaient pas eu l'occasion d'abîmer ainsi leurs souliers.

Je vois des soldats qui se promènent bien pomponnés : ils me regardent avec dédain et semblent dire : « Ne me parle pas ! »

1er juin. — Je me rends à Takou. Comme à Tien-Tsin je remarque d'immenses magasins à vivres que les puissances ont fait bâtir. L'animation y est grande : l'on se

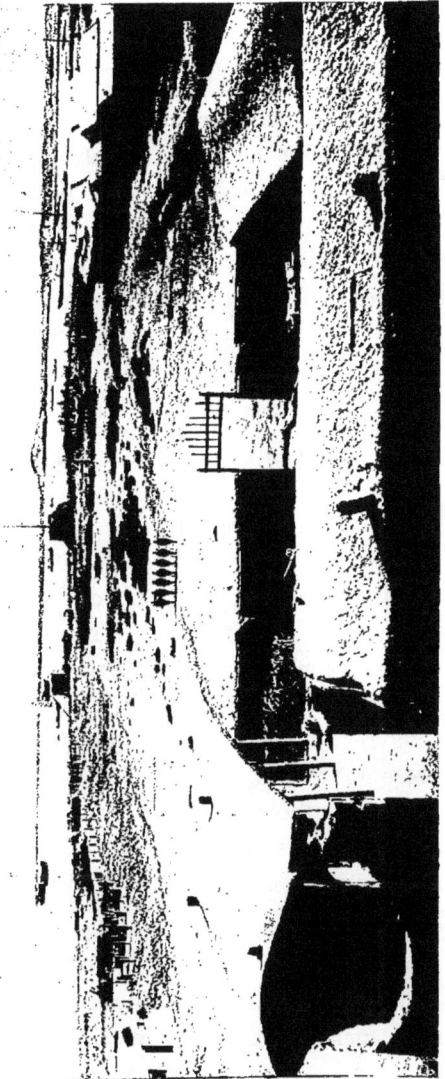

Entrée du Peï-Ho : Les forts rasés.
(Communiqué par l'adjudant Vacelet.)

croirait dans une foire. Les champs des environs sont bien cultivés ; les villages entre Tien-Tsin et Takou, détruits en juillet dernier, commencent doucement à se reconstruire.

Le chemin de fer de Péking est exploité par les Anglais. Comme il transporte chaque jour des centaines de voyageurs, les Anglais seront bientôt remboursés des dépenses qu'ils ont faites pour la réfection de la ligne, et même réaliseront de beaux bénéfices : un Chinois paye, de Tien-Tsin à Péking, en 3e classe, 3 piastres 50, c'est-à-dire 7 fr. 50. Les militaires des puissances alliées voyagent gratuitement.

Le Peï-Ho ne charrie plus de cadavres.

Enfin, la campagne, qui a coûté tant de vies humaines, et dont les Chinois se souviendront encore dans vingt ans, semble près d'être terminée. Terminées, aussi, les horreurs d'une guerre telles qu'on n'en avait jamais vu de pareilles dans aucune autre expédition outre-mer. Au moment de partir pour l'Europe, je ne puis m'empêcher de revenir par la pensée à dix mois en arrière, à cette époque où je voyais devant moi tant de sang et de cadavres. C'est à Takou que j'avais vu la première représentation du drame. Et l'eau du Peï-Ho, sale et rouge, symbole de la misère et du sang, qui rappelle aux militaires, à leur départ pour l'Europe, toutes les abjections de cette guerre, coule toujours.

Je tiens encore à noter, avant de quitter la Chine et à titre de souvenir, le beau discours prononcé par notre Ministre de France en Chine, M. Pichon, à la cérémonie de translation des marins et volontaires français morts pendant le siège de Péking pour la défense de la légation.

Ce discours, on le sent, n'est qu'un cri venant du fond de son cœur, cri de patriotisme, et contre l'injustice humaine.

M. Pichon est un personnage bien connu du corps expéditionnaire. Pendant le terrible siège à Péking il avait une attitude admirablement héroïque ; il inspire confiance à tout le monde ; il est très énergique, mais bon et humain ; il est un de ceux qui ont le plus souffert en Chine. C'est, en outre, un homme franc et loyal, une figure extrêmement sympathique, sans fierté aucune ; c'est un vrai patriote, sans cris ni gestes, qui aime profondément sa patrie ; il a vu ici des injustices se commettre sans pouvoir, malgré sa longue expérience et sa haute compétence, y remédier.

Voici le texte de son discours :

Mon Général, Messieurs,

S'il y a eu dans les batailles des morts plus illustres que ceux dont nous célébrons les funérailles, il n'y en a pas eu qui soient tombés plus noblement pour l'accomplissement du devoir.

Simples marins pour la plupart, ou volontaires surpris dans l'une des aventures les plus étonnantes de l'histoire, ils ont fait délibérément le sacrifice de leur vie pour la défense de leur drapeau et pour le salut de leurs compagnons de lutte et d'infortune.

Dans la guerre de tranchées et de barricades à laquelle les obligeait le guet-apens dont ils ont été victimes, ils n'étaient soutenus ni par l'entraînement, ni par l'enthousiasme, ni par cette fièvre du combat qui anime les cavaliers lancés dans les grandes charges militaires et qui fait enlever à l'assaut par les fantassins les murs crénelés et les places fortes.

De toutes parts cernés par des milliers d'hommes ; parqués dans une enceinte étroite, hérissée de fusils, bordée de canons et creusée de mines ; à court de vivres, d'armes et de munitions ; voyant les jours se succéder et les vides se faire dans leurs rangs sans qu'aucune nouvelle de dehors leur parvienne ; dans l'ignorance complète de ce qui se passait à 100 mètres d'eux ; incapables de songer à une autre alternative que le suicide ou l'égorgement compliqué de raffinements sauvages dans le cas où ils tomberaient aux mains de l'ennemi, ils ne pouvaient même avoir la foi dans une délivrance qui, dès le début, semblait très incertaine, et qui, d'heure en heure, devenait moins possible, et c'est contre l'espérance qu'ils étaient réduits à espérer.

Ils n'en n'ont pas moins résisté comme si les passions qui jettent le soldat dans l'horreur sanglante des mêlées avaient exalté leur âme et comme si leur emportement superbe avait éteint chez eux les froids calculs de la raison.

Sous le soleil éclatant de l'été, sous le ciel bas et lourd de la saison chaude et humide, sous le torrent des pluies qui détruisaient leurs abris fragiles et inondaient leurs tentes improvisées, sous la mitraille des projectiles et sous la flamme des incendies, ils ont disputé pied à pied le terrain où leurs tombes ont été creusées et dont ils n'ont perdu que la part qui a fait explosion sous leurs pas.

C'est que ces braves avaient pour les conduire des chefs qui étaient des héros. Je ne nomme que les morts : le commandant Thomann, placé à la légation de France à la tête du détachement autrichien et dont la mémoire calomniée doit être gardée comme celle de l'officier le plus dévoué, le plus instruit, le plus courageux et le plus ferme ; le capitaine d'infanterie de marine Labrousse, qui imposait son autorité par sa bravoure et qui se multipliait aux avant-postes, où, par son exemple, il enseignait le mépris de la mort ; l'enseigne de vaisseau Henry, pleuré par les assiégés du Pei-Tang, comme s'il eût emporté avec lui leur espoir suprême et qui associait aux connaissances professionnelles l'intrépidité, le sang-froid et l'abnégation ; l'aspirant Herber, d'une physionomie si calme et si douce, où la fatalité de la destinée semblait se trahir dans ses grands yeux mélancoliques et qui, sous des dehors modestes, cachait autant d'énergie que de décision.

A part de très rares exceptions, ces malheureux sont morts en pleine jeunesse. Officiers, sous-officiers, soldats ou volontaires avaient presque tous à peine entrevu les misères et les déceptions de la vie avant l'épreuve terrible à laquelle ils ont succombé. Quelle douleur qu'ils n'aient pu survivre pour partager avec nous l'inexprimable sentiment de la liberté reconquise, le délire de joie qui a suivi l'entrée des armées alliées dans Pékin ! Pourquoi faut-il que vous ayez manqué, morts héroïques, à cette minute si émouvante où nous avons recueilli le prix de votre sacrifice ? Pourquoi faut-il que vous n'ayez pu, comme nous, serrer les mains libératrices qui, de tous côtés, nous étaient tendues, voir s'abattre les barrières qui nous séparaient du monde, respirer à l'aise dans l'espace qui, depuis plus de deux mois, nous paraissait définitivement interdit? Pourquoi faut-il que votre existence ait été le paiement de la nôtre et que vous laissiez des familles inconsolables après nous avoir rendus à ceux que nous aimons?

J'ai, du moins, le droit d'affirmer que nous n'avons pas été ingrats. Pour ma part, au moment où les plus chers souvenirs me revenaient en foule et où le temps du supplice que j'avais enduré évoquait en moi les enchantements du ciel de France, la patrie lointaine et sacrée à laquelle je tiens par toutes les fibres de mon être, les ruisseaux clairs et les forêts profondes qui ont été le charme de mon enfance, cette vieille et noble terre qui a donné naissance à tant de gloires, ce peuple dont la longue histoire se confond avec celle de l'humanité dans ses aspirations et ses manifestations les plus élevées, ces parents et ces amis que j'avais sentis plus désolés que moi-même et que j'avais cru ne plus jamais revoir, je me suis rappelé le vers du poète :

Vous qui vivez, donnez une pensée aux morts !

Et c'est vers vous, dignes rejetons des grands ancêtres qui ont illustré nos épopées, que se sont portées mes pensées. C'est à vous qu'est allé mon cœur, emporté dans un mouvement de respect, de reconnaissance et d'émotion. C'est aussi vers votre armée, mon général, vers cette admirable armée française dont vous êtes le chef en Chine et qui nous apportait avec tant d'entrain, de simplicité, de générosité et de courage l'appui matériel et moral, la force et les sympathies qui nous faisaient renaître à la vie.

Les troupes que nous amenait le général Frey, entourées de ses vaillants officiers et au départ desquelles avait pourvu le gouverneur de l'Indo-Chine, venaient de Tien-Tsin où elles avaient chaudement disputé et chèrement payé la victoire ; elles venaient de Peitsang où elles avaient décidé du succès des opérations contre un ennemi admirablement fortifié ; elles allaient occuper Péking où leur présence était indispensable pour assurer, suivant les expressions du Président de la République, « les réparations éclatantes » et « les garanties nécessaires » que nous devions exiger de nos agresseurs. Placées sous votre commandement en chef, elles allaient prendre possession de Pao-Ting-Fou, de Tcheng-Ting-Fou, de Siling, de Toug-Ling, signifier aux violateurs du droit des gens, aux profanateurs de nos tombes, aux massacreurs de nos missionnaires et de nos sœurs de charité, aux assassins de nos nationaux, que tôt ou tard les crimes s'expient et que la barbarie ne peut impunément s'attaquer à la civilisation. Elles allaient rétablir l'ordre et organiser la police, donner confiance aux indigènes et rassurer les étrangers, préparer les voies à la diplomatie, travailler à la paix en se montrant prêtes à la guerre, collaborer avec éclat à l'œuvre de solidarité que tous les pays se sont assignée et qui ne peut être menée à bien que par des concessions réciproques permettant la communauté de l'action.

Il paraît qu'on aurait médit de cette tâche. Habitués que nous sommes aux injustices et aux outrages, qui s'accroissent ordinairement en raison de l'importance des services rendus, je n'en suis ni étonné ni inquiet.

Les morts et les vivants parlent pour nous. Les cercueils qui peuplent ce cimetière, les témoignages qui nous viennent de l'étranger quand nous nous les refusons à nous-mêmes, l'éclat de cette pieuse solennité qui est un hommage d'impérissable gratitude, les résultats que nous avons acquis et ceux que nous obtiendrons sont de suffisantes réponses à l'esprit de dénigrement qui nous obsède.

Reposez en paix, Français qui ne reverrez pas la France et qui pourtant l'avez rouverte à ceux qui ne devaient pas la revoir plus que vous ! Sous l'herbe et la terre remuée, sous les fleurs qui écloront au souffle attiédi du printemps, dans la fosse que surmontera le monument funèbre où d'autres viendront déposer des couronnes, dites-vous que les compatriotes que vous avez sauvés ne vous oublient pas ! Ils continueront dans l'avenir à vous envoyer l'écho fidèle des admirations et des douleurs que vous avez laissées et qui se transmettront comme un héritage de bravoure, de patriotisme et d'honneur.

Observations personnelles.

Avant de rentrer en France, il me semble bon de résumer les observations que j'ai recueillies, afin d'en conserver intact le souvenir, sur les moyens d'améliorer le sort du soldat en expédition. Le général en chef a bien demandé, au mois de janvier, l'avis des hommes expérimentés de tous grades. En ce moment, il a tous les projets, critiques, doléances exprimés par un grand nombre de vieux militaires dont beaucoup ont fait plusieurs campagnes outre-mer et il sait à quoi s'en tenir.

Pour nous autres, anciens soldats coloniaux, cette expédition était quelque chose de nouveau, puisque personne d'entre nous n'avait fait une campagne pendant laquelle le thermomètre descendait jusqu'à 23° au-dessous de zéro. Nous y avons horriblement souffert, sauf naturellement ceux qui sont restés dans les grands centres. Je n'oublierai jamais les tristes et longues journées d'hiver dans les misérables cases de nos cantonnements, ouvertes à tous les vents, avec un petit couvre-pieds seulement pour nous couvrir la nuit ; ni les étapes forcées dans les montagnes où nous marchions littéralement pieds nus dans la neige.

Nous avions donc à combattre un double ennemi : les habitants et la rigueur de l'hiver, sans pouvoir réagir ni contre l'un ni contre l'autre, sans compter le véritable adversaire, les Boxers ; mais, en campagne, le soldat a moins peur des coups que des premiers ennemis que j'ai énumérés.

Je disais que nous ne pouvions réagir contre les habitants, que nous savions être des ennemis animés d'une haine féroce, et c'est exact. Ils se mettaient sous notre protection : il ne fallait donc pas y toucher. Et cependant, ils assassinaient nos soldats dans les centres mêmes que nous protégions : à Pao-Ting-Fou, Chou-Cheou, Liou-Li-Ho, Pékin, Tien-Tsin et tant d'autres localités où des militaires des puissances alliées furent en grand nombre assassinés par les Chinois. L'impunité dont les meurtriers étaient en réalité assurés était pour nous une chose absolument incompréhensible et mystérieuse. Moi et tant d'autres, qui avions fait maintes campagnes, ne savions comment il fallait se comporter avec ces indigènes qui, pendant très longtemps, s'obstinaient à ne vouloir rien nous vendre et qui attiraient nos camarades dans des endroits écartés pour les assassiner. Il ne fallait, sous peine d'une punition sévère, ni les toucher, ni les molester, ni les obliger à vendre, quoique nous mourions littéralement de faim. Notre situation était vraiment peu enviable ; elle était surtout sans précédent.

Après l'inévitable tohu-bohu des débuts de l'expédition, l'arrivée du général Voyron fut le commencement d'une réorganisation de tous les services. Les hôpitaux, les centres de ravitaillement furent assez vite installés ; la ligne de Pao-Ting-Fou rapidement réparée. Des convois réguliers de chameaux reliaient les détachements les plus éloignés aux dépôts installés sur le chemin de fer, des estafettes apportaient chaque jour le courrier. Malheureusement l'hiver arriva bientôt, les routes furent impraticables. Les chameaux portant les vivres et les effets pour les hommes en première ligne furent très retardés dans leur marche ; c'est pour cela que nous avons été privés, pendant la moitié de la saison froide, des objets indispensables. Mais je n'ai jamais pu comprendre la raison du manque de chaussures : si une compagnie, par exemple, demandait cent paires de souliers, on ne lui en expédiait que six ou sept.

Les maladies qui ont le plus sévi en Chine sont la diarrhée, la dysenterie et la fièvre typhoïde. Vers le mois de novembre apparut le typhus de la mouche charbonneuse : pas un soldat infecté n'en réchappa.

Le service médical de l'avant laissait à désirer : il manquait sans cesse de remèdes ; je ne sais à qui l'on doit attribuer la faute. Il se peut bien qu'elle soit due au retard constant des convois. Maint soldat, hélas ! mourut faute de médicaments.

Palais d'été de l'Impératrice.
(Communiqué par l'adjudant Vacclet.)

Mais si tout ne marchait pas à souhait chez nous en première ligne, nous avions au moins la consolation de nous dire que tout était pire chez les troupes des autres puissances. Combien de fois avons-nous entendu les Allemands, les Italiens en colonne se plaindre de ce qu'ils n'avaient rien à manger. Conséquence, pillage général, à Liou-Li-Ho par exemple.

Il est à remarquer que nos officiers étaient les seuls qui empêchaient leurs soldats de piller et de molester les Chinois ; les officiers des autres puissances ne s'en inquiétaient guère. Cela n'empêche pas qu'on nous a présentés au public français comme des pillards, des malfaiteurs et des assassins. Je suis certain que bien des militaires étrangers doivent rire dans leur barbe en apprenant ces accusations.

Les marches ont été souvent très pénibles. Les étapes de 30 à 50 kilomètres avec un sac très chargé n'étaient pas rares, surtout dans les débuts de l'expédition.

Les premières troupes françaises débarquées étaient le 16° de marine, formé d'un bataillon du Tonkin et d'un bataillon de Saïgon, qui reçut les premiers coups de feu, et quelques batteries d'artillerie de marine venant aussi de l'Indo-Chine. Aucune troupe, dans aucune campagne coloniale, n'a été aussi favorisée que celle-là. Je le dis sans aucune arrière-pensée, sans aucune jalousie : tant mieux pour les camarades ! Il faut reconnaître que la marche de Tien-Tsin à Pékin fut très pénible ; l'on marcha jour et nuit presque sans vivres. A Tien-Tsin, l'on avait eu quelques journées de combats acharnés ; mais, je l'ai déjà dit, le militaire en campagne craint beaucoup moins le coup de feu que les privations et fatigues qui en résultent. Mais l'arrivée à Péking termina les difficultés pour nos soldats. Entrés dans la capitale en vainqueurs, ils s'emparèrent, comme de juste, de tout ce qui leur tomba sous la main, et quelques-uns réalisèrent de jolis magots. Ensuite, la très grande majorité des militaires du régiment et de l'artillerie fut dirigée, après la prise de Péking, soit par le Japon, à Nagasaki dont l'excellent climat leur permit de se reposer ; soit en France, après un séjour colonial (y compris le Tonkin et la Cochinchine) d'un an à peine. Leurs souffrances réelles n'avaient donc duré qu'une quinzaine de jours.

Après leur départ, on forma un nouveau 16° avec des éléments venant de France et de l'Indo-Chine.

Le deuxième régiment arrivé en Chine fut le 17° de marine ; c'est ce régiment qui joua le plus grand rôle dans l'occupation du Pe-Tchi-Li. C'est lui qui a ouvert et préparé la route pour la colonne internationale de Pao-Ting-Fou et des tombeaux impériaux, organisé les gîtes d'étape et assuré la tranquillité du pays ; il a constamment occupé la première ligne où le commandant Foussagrives s'est fait remarquer autant comme soldat que comme administrateur, sous la direction du lieutenant-colonel Rondony qui se montra d'une bravoure, d'une habileté, d'un tact incomparables.

Le 18° de marine n'a pas pris part à des colonnes ; c'était un régiment purement de garnison.

L'artillerie n'a joué ici qu'un rôle relativement secondaire, sauf au début de la campagne où son influence fut très considérable. Ses conducteurs indigènes, ainsi que les coolies annamites, ont été rapatriés en novembre, car ils n'auraient certainement pas résisté au froid de l'hiver.

Ces coolies n'ont pas servi à grand'chose ; j'en ai vu, maintes fois, suivant la colonne et ne portant absolument rien. A Pékin, ils n'étaient employés qu'à de petites corvées, telles que le balayage ou les besognes secondaires de la cuisine, tandis que les hommes en corvée de vivres transportaient leurs sacs de riz et trouvaient naturellement dans cette répartition du travail une occasion de « ronchonner ».

Les troupes de la Guerre n'ont débarqué qu'en octobre. Elles ont assisté à plusieurs combats, y ont montré une excellente conduite. Leurs grands chefs étaient choisis parmi les plus méritants et les plus expérimentés : c'étaient le général Bailloud, sous les ordres de qui les soldats marchaient aveuglément tant ils avaient confiance en lui ; son chef d'état-major, son *alter ego*, le lieutenant-colonel Espinasse ; le lieutenant-colonel Drude, des zouaves, un vieux colonial qui possède une volonté de fer et réussit toujours, et quelques autres encore, très

Un convoi de ravitaillement par brouettes.
(Communiqué par le commandant Aubé.)

connus parmi les hommes qui ont fait campagne outre mer. Aussi tout allait à souhait.

Les hommes du génie ont énormément travaillé en Chine ; ils y ont mis du zèle et de l'amour-propre.

Je ne sais comment le service médical a fonctionné à

l'arrière ; à l'avant il était bien mal outillé. Les instruments pour couper bras et jambes abondaient, mais les médicaments manquaient souvent.

Que dire du service de ravitaillement ? Dans son Ordre général demandant les avis des militaires compétents sur l'amélioration des différents services, le général en chef visait surtout les moyens de transport en colonne. Quoi qu'on dise et quoi qu'on fasse, ils ont manqué, manqueront toujours, et avec eux les moyens de ravitaillement. Nous avons vu dans nos expéditions antérieures, nous voyons maintenant chez les autres puissances en Chine que les moyens de ravitailler les troupes en colonne pour une longue durée sont une énigme qui n'a pas encore été devinée. Mais il est juste de dire, et ceci en l'honneur du général Voyron et de son état-major, que ce service a mieux fonctionné chez nous depuis novembre que chez certaines autres puissances, car nous avions l'apprentissage fait dans nos diverses expéditions antérieures.

Je constate enfin avec déplaisir, et cela pour la première fois en campagne, que, sauf les militaires qui étaient dans les grands centres et qui n'avaient nul besoin puisqu'ils pouvaient tout y acheter, les autres n'ont rien reçu des Dames de France. J'ai, par curiosité, demandé aux camarades de la légion, des zouaves, de l'artillerie et d'autres troupes de l'avant s'ils avaient été plus heureux que nous ; ils m'ont répondu négativement. Il est vrai que les Dames de France ne nous doivent rien et qu'elles donnent à qui bon leur semble ; mais je tiens à le noter comme souvenir.

Les troupes qui ont eu le plus d'engagements sont les troupes allemandes. Sur la route de Lou-Kou-Kiao jusqu'à la Grande Muraille, leurs détachements ont usé des droits de la guerre ; dans chaque ville ou village important, ils ont exigé des vivres, des moyens de transport et de l'argent. Aussi les Chinois éprouvaient-ils un certain malaise lorsqu'on leur signalait les Allemands.

Les Anglais avaient l'air de ne pas vouloir prendre part directement aux combats livrés par des troupes internationales ; mais, l'affaire terminée, ils apparaissaient subitement avec un pavillon britannique pour le hisser au milieu des autres. Cette façon de faire ne plaisait guère et on le leur fit bien sentir. Les Allemands semblaient ne pas approuver ces procédés des Anglais et ils ne cachaient nullement leurs sentiments à ce sujet.

Les Italiens, après avoir participé à la colonne de Pao-Ting-Fou, où ils n'ont pas joué un grand rôle, sont rentrés à Péking d'où ils n'ont plus bougé. L'Italie paraissait avoir envoyé quelques milliers d'hommes en Chine pour montrer aux autres nations les progrès accomplis par son armée dans ces dernières années.

Les Russes, les Américains et les Japonais n'ont assisté à aucune opération après la prise de Péking. Les Russes ont occupé provisoirement la Mandchourie ; nous savons depuis longtemps ce que « provisoirement » veut dire ; ils y sont et ils y resteront. La conduite de leurs soldats n'était pas toujours irréprochable : j'ai assisté à des actions vraiment répréhensibles.

Les Japonais se sont bien conduits ; ils sont très disciplinés, et l'on voyait que les hommes étaient bien dans la main de leurs chefs.

Il m'est difficile de porter un jugement sur l'armée américaine. Je ne l'ai jamais vue marcher ou combattre. Mais j'ai pu conclure, d'après les rapports du général Chaffee, que les hommes sont tenus en médiocre estime par leurs chefs.

× ×

Au point de vue du matériel de transport en Chine, ce sont les Anglais, les Japonais et les Américains qui se sont distingués. Leurs voitures, leurs harnachements, leurs animaux, leurs porteurs, leurs hamacs ambulants qui se ferment et qui ont une installation à l'intérieur pour le malade, sont pratiques, solides et simples. Mais je reproche aux Anglais d'encombrer et d'allonger indéfiniment leurs convois sans leur donner une escorte sérieuse : en cas d'attaque, il serait impossible de les défendre. Que diable ! il faut savoir se restreindre en campagne et ne pas allouer à chaque soldat une voiture presque entière et deux ou trois porteurs.

Les chevaux de la cavalerie anglaise (cipahis) étaient magnifiques, mais montés par de pitoyables cavaliers.

Les voitures japonaises à deux roues, légères, attelées de mulets minces comme des mulets kabyles, bien entretenus, bien harnachés, formaient un moyen de transport très pratique et bien plus facile à manier que nos fameuses voitures Lefebvre à Madagascar en 1895.

La seule chose que je trouvais commode chez les Russes, c'est leur voiture-cuisine, où la cuisine du repas pour toute une compagnie se fait pendant la marche. La chaudière n'a que le défaut d'avoir un seul compartiment pour la soupe. Il ne serait pas difficile d'en faire un second pour les légumes.

Les Français, les Allemands, les Russes et les Italiens avaient comme moyen de transport des milliers de voitures chinoises à deux roues, trouvées ou achetées sur place. Elles étaient très lourdes et ne pouvaient supporter un grand poids. Nous avions aussi des chameaux et des mulets pris ou achetés dans la région.

Le plus grand nombre des éclopés pendant les mar-

Répression japonaise en Chine.

ches m'a paru être du côté des Italiens. L'on peut attribuer cette particularité aux raisons suivantes : 1° leurs chaussures sont d'une qualité inférieure ; je me suis même demandé comment un grand État comme l'Italie donne de tels souliers à ses soldats ; 2° leur façon de porter leur paquetage en marche est très défectueuse : tous leurs effets sont roulés dans un couvre-pieds en bandoulière, ce qui doit les étouffer.

Les Russes portaient bien le paquetage de la même façon ; mais il faut croire qu'ils sont plus vigoureux, mieux entraînés, car ils avaient beaucoup moins de traînards.

Les Allemands avaient des havresacs en peau de chèvre d'un poids presque égal aux nôtres ; ils avaient de petits bidons attachés aux musettes, faciles à décrocher pendant la marche et des souliers de repos en toile imperméable avec des semelles très souples. Je trouverais moins pratique leur pelle-bêche suspendue au ceinturon, près du couteau-baïonnette.

× ×

J'ai remarqué que nous étions les seules troupes faisant des pauses horaires en marche. Les autres, excepté les Anglais et les Américains que je n'ai pas vus à pied, vont de la façon suivante : dix minutes après avoir quitté l'étape, on fait une halte d'un quart d'heure pour permettre aux hommes d'arranger leurs chaussures et de s'ajuster ; ensuite l'on marche sans arrêt jusqu'aux deux tiers du chemin à parcourir et l'on fait une grande halte pour consommer un repas froid. L'on continue ensuite d'une seule traite jusqu'à l'étape.

× ×

Toutes les troupes, excepté les Français et les Japonais, avaient un fusil à chargeur. Les Allemands avaient leur nouveau modèle 1898, avec chargeur de 5 cartouches. La principale différence avec l'ancien modèle est dans l'éjection du chargeur vide qui se fait par le haut de la culasse mobile au lieu de tomber en dessous ; mais, d'après quelques sous-officiers allemands, cette arme ne satisfait pas les désirs des officiers et un nouveau fusil serait à l'étude.

Les Allemands avaient aussi deux bicyclettes par compagnie en colonne ; elles ne leur servaient absolument à rien et les embarrassaient plutôt, car il est impossible de circuler à bicyclette sur les routes chinoises.

× ×

Il y aurait enfin des volumes de critiques à écrire sur chacune des troupes alliées ; mais je me contente de noter ce qui est en rapport avec ma possibilité de voir et ma capacité d'esprit.

Je puis cependant parler encore de notre costume et de nos chaussures aux colonies : il ne s'agit, bien entendu, que des colonies où l'on peut faire des marches et des colonnes.

Je préférerais le costume bleu au costume kaki, quoique ce dernier soit d'une étoffe plus belle et plus résistante : en Chine, le bleu nous donnait d'un peu loin l'aspect d'une troupe d'indigènes et dissimulait nos mouvements en diminuant notre visibilité. Toutefois, il faudrait surveiller la façon et la qualité de la toile bleue qui sont tout à fait exécrables.

Les chaussures qu'on nous a données étaient médiocres ; j'en ai usé trois paires en trois mois ; j'ai ensuite marché en savates comme les camarades, et assez souvent pieds nus. Aussi n'ai-je jamais vu autant d'éclopés qu'en Chine.

Je serais d'avis qu'on donne aux hommes appelés à faire campagne des chaussures et un équipement en cuir jaune ou rouge, à l'instar des Anglais. Les Allemands les donnent actuellement à leurs soldats du Cameroun.

× ×

Les relations entre les soldats des différentes nations en Chine ont été bonnes, correctes et même amicales, surtout au début de la campagne. Une étroite amitié s'était établie, provoquée sans doute par les dangers et les misères supportés en commun. On ne se comprenait pas, mais on se rendait service en s'expliquant par gestes avec les mains et les jambes. Puis les Anglais commencèrent à soulever des difficultés au point de vue de l'ordre public ; leurs procédés excitaient l'animosité des soldats de toutes les nations contre eux. C'est donc par leur faute, selon moi, s'ils ont été souvent malmenés.

Les soldats américains étaient généralement mal vus, surtout après que le général Chaffee eut demandé aux autres commandants des troupes internationales d'arrêter ses déserteurs, dont quelques-uns avaient commis des crimes avant de s'enfuir.

× ×

Les puissances qui payaient le mieux leurs soldats en Chine étaient les Etats-Unis et l'Angleterre. Les militaires non gradés et non rengagés de ces deux pays tou-

chaient 5 francs par jour, y compris les indemnités ; la nourriture était à leur charge, mais il leur restait environ 2 francs à dépenser.

Dans les mêmes conditions de grade et d'engagement, le soldat allemand touchait 50 centimes, le soldat russe de 50 à 60 centimes, le soldat italien de 40 à 50 centimes ; le soldat français avait 33 centimes seulement. Un soldat japonais était payé 6 piastres par mois.

× ×

Les actes de pillage tels qu'ils ont été racontés par la presse française, qui nous a représentés comme des êtres dénaturés, sont non seulement exagérés, mais constituent un véritable mensonge. Il convient de mettre les choses au point.

Les premières troupes débarquées en Chine arrivèrent à Péking, mourant de faim et sans vivres ; elles allèrent en chercher dans les maisons inhabitées, où elles trouvèrent même parfois de petites richesses. Tout homme raisonnable aurait traité les soldats d'imbéciles s'ils n'avaient pas usé de ces biens, car ils étaient vainqueurs d'un peuple qui avait agi envers les Européens d'une façon tout à fait barbare. Il faut d'ailleurs remarquer qu'il était sévèrement interdit de pénétrer dans les maisons habitées. En outre, l'on a ordonné une fouille par secteurs de la ville, afin de rechercher les armes que l'on y avait cachées et des couvertures chinoises pour les troupes, en prévision de l'hiver que l'on savait très rigoureux. Ces corvées ont toujours été accompagnées par des officiers, avec défense expresse d'entrer dans les habitations qui n'étaient pas abandonnées.

Voilà, ramenée à ses justes proportions, l'histoire du pillage racontée par les journaux français d'une tout

Sur la Grande Muraille.
(Communiqué par l'adjudant Vacelet.)

autre façon. Je sais que l'on a inventé beaucoup d'histoires sur notre compte. Ceux qui ont cherché, probablement par intérêt, à ternir dans leur propre pays la réputation des enfants de tant de milliers de Français, ont encouru devant l'histoire et devant le public une grande responsabilité qui retombera sur les auteurs de ces mensonges quand on saura la vérité. On ne tardera pas, en effet, à connaître que les troupes françaises ont protégé les Chinois et les ont empêchés d'être molestés.

J'ajoute que l'autorité supérieure a même été d'une bonté, d'une indulgence, oui ! d'une tolérance extraordinaire. Tandis qu'on assassinait en plein jour nos camarades dans les localités, on a distribué du riz aux Chinois indigents. On avait l'ordre de payer le prix demandé quand on achetait quelque chose quoique l'on sût que les prix étaient énormément exagérés ; toute réclamation faite par un Chinois était bien accueillie *a priori* et l'on punissait sévèrement celui qui en était l'objet. Dans les cantonnements, tout le monde était consigné : pour sortir, même en service commandé, il fallait avoir une autorisation signée. Si, par exception, quelques-uns ont pu enfreindre cette consigne, ils l'ont chèrement payé : il n'y a qu'à consulter les listes des condamnations prononcées par le conseil de guerre du corps expéditionnaire.

× ×

En ce qui concerne l'insurrection, on n'a jamais su exactement si elle a été préparée par le gouvernement chinois lui-même ou si les Boxers se sont spontanément organisés. Mais il est avéré que l'impératrice douairière détestait les Européens et qu'elle protège encore le prince Tuan, principal auteur du soulèvement.

Alors que tout condamne ce gouvernement, les puissances alliées ont, à mon avis, une attitude humiliante. Au lieu d'en finir une fois pour toutes avec la question chinoise qui, tôt ou tard, reviendra sur le tapis, en profitant de ce que 100.000 hommes sont sur le territoire du Pe-Tchi-Li, sans compter les réserves toutes prêtes à se mettre en mouvement, les puissances alliées se brouillent pour des futilités. Des divergences de vue se produisent en effet parmi ces puissances et quelques-unes ont déjà complètement abandonné l'œuvre commencée. L'on prétend même qu'une nation donne discrètement des conseils au gouvernement chinois, tandis que d'autres se laissent influencer par ces idées de faiblesse que lance la presse d'Europe.

Les Chinois, rusés, profitent admirablement de ces divisions. S'ils ignoraient auparavant les Européens, ils doivent les connaître maintenant et savent à quoi s'en tenir.

2 *juin*. — Nous embarquons sur le *Tanaïs*, qui doit nous conduire jusqu'au Japon seulement.

Le général Bouguié prend passage sur ce bateau. Il a l'air d'un vrai squelette : sa figure, d'une maigreur effrayante, ses yeux enfoncés, ses mains desséchées, tout en lui montre qu'il a beaucoup souffert. Il est évacué sur l'hôpital de Nagasaki.

L'amiral Pottier vient nous faire une visite à bord pendant que le *Redoutable*, son navire amiral, nous salue à coups de canon. A peine le *Redoutable* a-t-il terminé son tir et hissé le grand pavillon que tous les navires étrangers en rade arborent nos couleurs au grand mât et nous saluent à coups de canon. L'on dirait un bombardement général. Notre paquebot n'ayant pas d'artillerie, c'est le *Redoutable* qui rend le salut. Lorsque nous passons devant lui, sa musique joue la *Marseil-*

Un cimetière à Nagasaki.
(Gravure extraite de l'Atlas colonial Larousse.)

laise et l'hymne de l'infanterie de marine, et l'amiral nous crie : « Bon voyage. »

3. — Ce soir, nous passons devant Chefou. Une vingtaine de navires de guerre alliés y sont en rade.

6. — Mauvaise mer pendant trois jours ; le bateau balance comme une coquille de noix ; beaucoup d'hommes sont malades. Le temps est aussi froid qu'au mois de décembre en Chine ; le brouillard est tellement dense que la sirène siffle constamment. Nous passons ce soir devant une île appartenant au Japon depuis la guerre de 1895.

Volontaires anglais de Chang-Haï.

7. — Ce matin nous arrivons à Nagasaki.

L'entrée du port offre un coup d'œil magnifique. Sur les deux rives s'élèvent des montagnes où l'on remarque des bosquets d'un vert éclatant admirablement rangés. Des chalets et des pavillons entourés de fleurs multicolores sont au pied de ces hauteurs, formant avec la mer

Un coin de Tokio.
(Gravure extraite de l'Atlas colonial Larousse.)

bleue qui les baigne un tableau vraiment féérique. Certes, celui qui a dit : « Voir Naples et mourir » n'avait certainement pas vu Nagasaki, car il est impossible d'imaginer un panorama aussi merveilleux que celui que nous avons devant nous.

Le mouvement du port est assez considérable. Il y a un chantier où plusieurs navires sont en construction.

Nous débarquons. L'on voit que le progrès et la civilisation européenne avancent ici à grands pas. Les usages européens semblent aussi vouloir s'acclimater rapidement. C'est l'Anglais qui paraît exercer une action prépondérante, surtout sur la marine et sur l'industrie.

L'entrée de la ville du côté de la mer est défendue par la nature du pays elle-même : le goulet est très étroit, les navires ne peuvent l'utiliser qu'à la file et les montagnes sont couvertes de canons à longue portée.

Nous passons une visite médicale faite par un médecin japonais qui est galonné jusqu'au menton. Pendant qu'il me tâte le pouls, je ne puis m'empêcher de pouffer de rire, malgré mes efforts pour rester sérieux : ce sont sa petite taille, ses galons que je n'arrive pas à compter et sa figure d'enterrement qui me produisent cet effet.

9. — Nous transbordons sur le *Natal*, paquebot des Messageries maritimes, qui doit nous ramener en France. Il a une très belle installation.

11. — Vers 2 heures de l'après-midi, nous remontons le Yang-Tsé-Kiang qui conduit à Chang-Haï. Nous y débarquons quelques soldats malades qui ne peuvent pas continuer la traversée. Plusieurs militaires français s'embarquent. Ils nous racontent qu'il y a souvent de véritables batailles entre les soldats anglais et ceux des autres nations, et toujours ce sont les Anglais qui « écopent ».

Toutes les puissances alliées en Chine sont représentées à Chang-Haï par un détachement. Celui de la France

Rizerio aux environs de Saïgon.
(Communiqué par le sergent Lacombe.)

est formé par un bataillon du 9ᵉ colonial venant du Tonkin et par une batterie.

13. — Nous quittons Chang-Haï par une mer affreuse. Le brouillard est si épais que nous n'y voyons rien ; nous avons failli heurter un bateau anglais, puis un rocher. On a eu juste le temps de faire machine en arrière. Nous avançons très lentement en tirant des coups de canon à blanc.

16. — Enfin nous arrivons à Hong-Kong. Défense de descendre à terre à cause de la peste. La ville offre, le soir, avec toutes ses lumières, un panorama éblouissant. Deux soldats débarquent ; ils resteront en traitement à l'hôpital anglais.

17. — Nous quittons Hong-Kong et continuons notre navigation sur ce que l'on appelle l'océan Pacifique. Je voudrais bien voir la tête des écrivains et des poètes qui écrivent de jolies choses sur l'océan Pacifique et disent qu'ils voudraient être bercés par lui...

19. — Nous voyons le matin les côtes de Haïnan, et le soir celles d'Annam.

Un second maître du *Guichen* meurt de fièvre et d'anémie. J'ai maintes fois vu des camarades tués dans des engagements ; mais cela ne m'a pas aussi douloureusement impressionné que lorsque je vois mourir quelqu'un des maladies contractées aux colonies. Et je ne me suis jamais expliqué pourquoi la mort des premiers est plus honorée ; les autres sont aussi victimes de leur devoir et souffrent bien plus que ceux qui sont frappés par une balle.

20. — Nous arrivons à Saïgon que je n'avais pas vu depuis quatre ans ; excepté la lumière électrique, la ville ne semble pas changée. Encore deux camarades qui vont à l'hôpital, leur état de santé ne leur permettant pas de continuer le voyage.

21. — Départ de Saïgon.

23. — Nous passons à Singapore.

25. — Brume intense ; mer affreuse ; l'état sanitaire des hommes revenant de Chine n'est pas brillant.

26. — Nous voyons Sumatra.

29. — Nous arrivons à Colombo avec deux jours de retard causés par le mauvais temps. Deux hommes entrent à l'hôpital.

30. — Nous partons par une mer houleuse avec vent debout. Beaucoup de camarades se plaignent de fatigues dans tous les membres. C'est le dessert de la campagne ! Et encore, il y a une différence énorme avec ce que j'ai vu pendant mon retour de Madagascar où l'on jeta plus de quarante hommes à la mer.

Nous sommes bien mieux, sur ce bateau, que sur ceux de la Cie Nationale. L'on nous traite ici vraiment comme des passagers ; la nourriture est mangeable et les soldats ne font pas de corvées pénibles. Sur les autres, nous étions considérés par tout le personnel du bord comme des condamnés allant subir leur peine dans une colonie pénitentiaire, avec cette différence toutefois qu'on n'était pas enfermé. Aussi, jamais sur les bateaux de la Cie Nationale ne faisait-on un voyage qui se passât normalement. Tous étaient marqués par des discussions, voire même des conflits. Le soldat le plus tranquille perdait, un jour ou l'autre, son calme en se voyant traité de la sorte. Avec les voyageurs civils, cependant, chefs et matelots se montraient polis, car on savait qu'ils réclameraient au Ministre ou qu'ils feraient insérer des articles dans les journaux. Mais avec nous, c'était honteux ! La Cie Nationale est heureusement la seule en France qui traite ainsi les soldats (1).

A bord du *Natal*, tout le monde est content. Il n'y a pas de plaintes. Les soldats donnent volontiers, sans

---

(1) La Cie Nationale n'existe plus. (*Note de la Revue.*)

Singapore.

(Communiqué par le sergent Lacombe.)

être commandés, un coup de main aux hommes de l'équipage.

2 juillet. — Le mauvais temps dure toujours. Le bateau reçoit des secousses telles qu'on croirait qu'il va se briser.

3. — Mort d'un homme de l'équipage ; il est aussitôt immergé. Nous passons le cap Gardafui.

6. — Le bateau peut à peine avancer. Nous avons fait un détour de 100 milles pour trouver des parages moins mauvais. La vergue du grand mât s'est cassée, les voiles sont déchirées ; je ne me rappelle pas d'avoir fait une traversée où le mauvais temps ait tant duré.

14. — Port-Saïd. Des bateaux anglais et allemands en rade sont pavoisés aux couleurs françaises à l'occasion de notre Fête nationale. En ville, sur quelques maisons, flottent également des drapeaux français. Une musique municipale parcourt la ville en jouant la *Marseillaise*.

19. — Enfin, nous arrivons à Marseille, après une traversée de quarante-neuf journées, parfois bien longues et bien tristes. A cette occasion, je me demande si l'on ne pourrait pas fonder des bibliothèques à l'usage des soldats sur les bateaux destinés à transporter des militaires aux colonies. Ces bibliothèques, analogues à celles que le général Borgnis-Desbordes avait fait créer dans les postes du Tonkin, rendraient de véritables services aux hommes. Il est impossible, à qui n'a pas fait de traversée dans ces conditions, de s'imaginer l'ennui des soldats pendant le voyage (1).

En mettant pied à terre il me semble que je rêve. Me voilà enfin dans un pays civilisé ; je me sens fatigué ; mais enfin je me rétablirai bien.

On ne nous fait aucune réception. Je préfère cela. Les

---

(1) **Le désir de Silbermann est exaucé.** Voir la Revue (Renseignements divers) du mois de juillet dernier.

Port-Saïd.
(Communiqué par le sergent Lacombe.)

réceptions ne servent qu'à fatiguer les hommes en les faisant attendre trop longtemps sur les quais, marcher au pas derrière la musique et autres choses toujours désagréables pour nous.

TABLE

	Pages.
1re PARTIE. — Du 6 août au 23 septembre 1900	5
2e PARTIE. — Du 24 septembre au 6 novembre 1900	28
3e PARTIE. — Du 7 novembre 1900 au 29 mai 1901	56
4e PARTIE. — Du 30 mai au 19 juillet 1901	127

GRAVURES

Vue des forts de Takou	7
Embarquement en chemin de fer	8
Caravane de chameaux sous les murs de Péking	12
Une des portes du palais de l'Empereur	14
Attelage allemand	17
Voiture chinoise	17
Voiture-citerne anglaise	18
Boutiques chinoises	21
Carte de membre de société secrète	23
Un groupe de Boxers	25
Paysage chinois	28
Muraille de ville chinoise	33
Les mandarins réfléchissent	36
Convoi de chameaux	39
Une route chinoise	40
La muraille de Pao-Ting-Fou	44
Les zouaves en Chine	45
Portrait du feld-maréchal Waldersée	47
Voiture du train anglais	49
Les suites d'une exécution	54
Tombeau du premier empereur Ming	57
Allée conduisant au tombeau de l'empereur Tsao-Ko-An	60
La Grande Muraille	62
Le sous-préfet de Laï-Su-Sien	65
Une pagode	67
Une brèche dans la Grande Muraille	69
Porte de la Grande Muraille	70
Brûle-parfums des tombes impériales	73
Tombeau de Si-Ling	78
Li-Hung-Chang	83

TABLE

	Pages.
Les cantonnements du 3ᵉ bataillon à Si-Ling	88
Cérémonies rituelles aux tombeaux impériaux	93
Lanciers du Bengale	97
La Grande Muraille	99
En reconnaissance	102
Le général Bailloud en colonne	104
Autorités françaises et chinoises	105
L'Empereur de Chine et son père	109
Un poste japonais	113
Le général Voyron et son escorte	115
Le pont de marbre et la cathédrale	116
Une mission catholique au Pé-Tchi-Li	118
Infanterie coloniale montée	121
Une revue de l'armée régulière chinoise	123
Une rue de Tien-Tsin	127
Entrée du Peï-Ho : les forts rasés	129
Palais d'été de l'Impératrice	137
Un convoi de ravitaillement par brouettes	140
Répression japonaise en Chine	144
Troupes alliées en Chine	148
Sur la Grande Muraille	150
Un cimetière à Nagasaki	153
Volontaires anglais de Chang-Haï	154
Un coin de Tokio	155
Rizerie aux environs de Saïgon	157
Singapore	160
Port-Saïd	162

Paris et Limoges. — Imprimerie et librairie militaires Henri CHARLES-LAVAUZELLE.

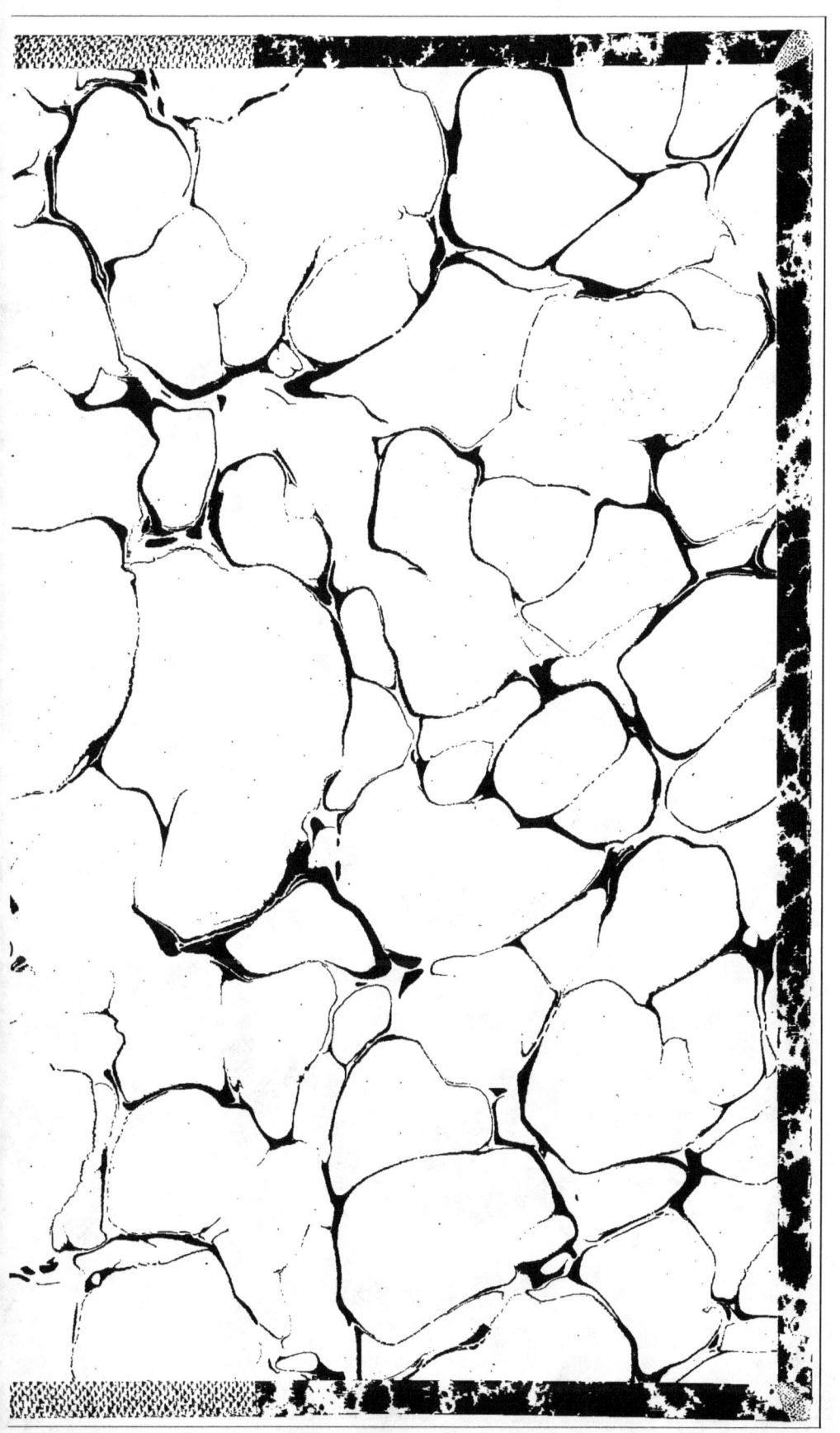

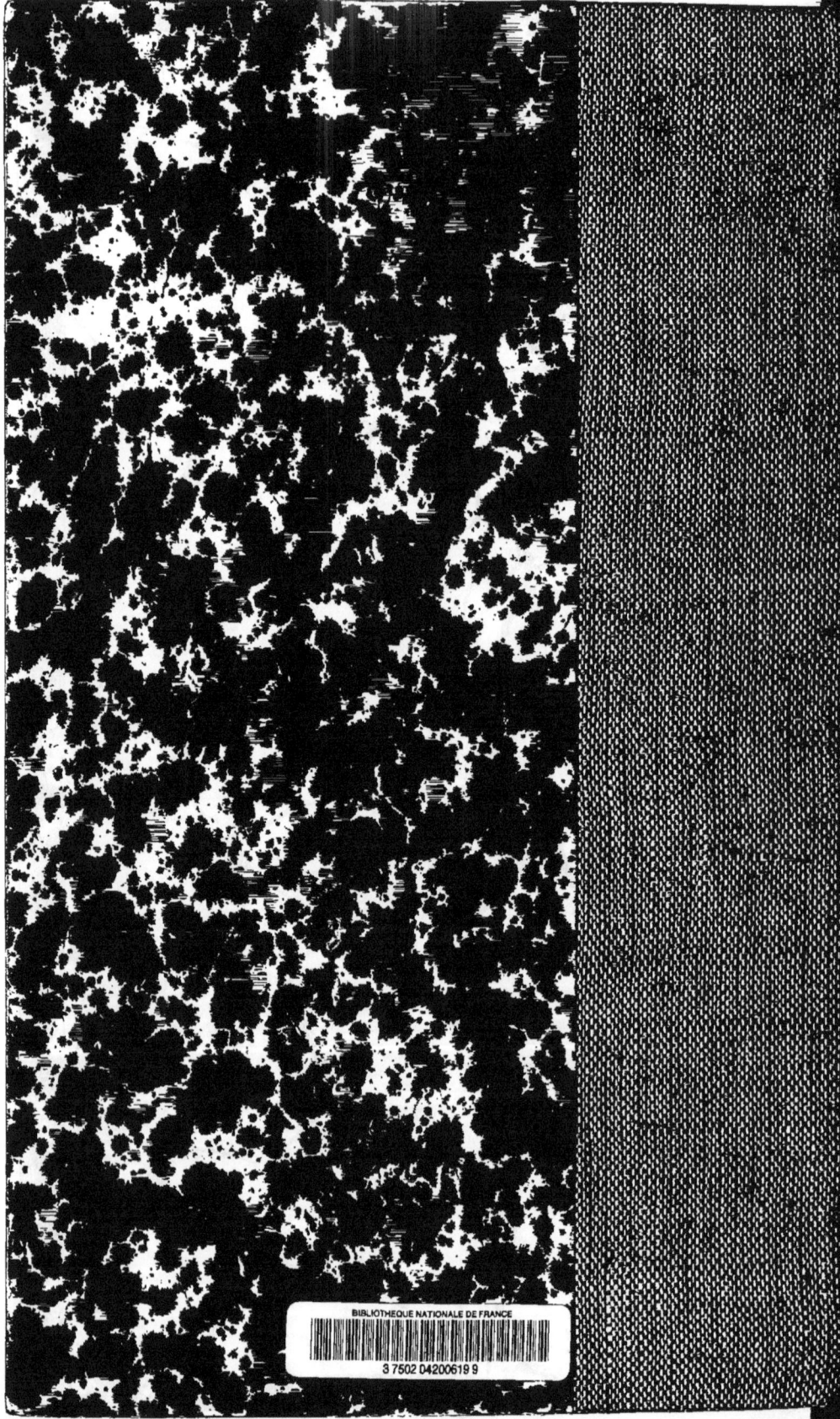

www.ingramcontent.com/pod-product-compliance
Lightning Source LLC
Chambersburg PA
CBHW060519090426
42735CB00011B/2290